이하림 시집

장미의 세월

지은이: 이하림

무당개미

장미의 세월

이하림 시집

목차

인생(人生)	8	비 오는 쓸쓸한 길	35
추억 노래	9	지구본 위에 사랑	36
한여름 밤의 담배 연기	10	여인의 초상	37
환상 속에 우물이 있다	11	고독의 향기	39
바람처럼 헤어지다	13	여자들이 하나둘 결혼할 때	40
추억노래 2	14	걷고 싶은 길	41
흐린 날에 커피 향기	15	장미의 정원	42
환상카페의 너	17	한여름의 편지	43
환상카페의 너 2	18	한낮의 추억	44
환상카페의 너 3	19	나는 시를 쓸 겁니다	45
추억으로 지는 달	20	구름이 있는 곳에	46
안개 숲	21	X를 찾아서	47
아주 먼 나라	22	이 땅의 사람들	48
초조한 바람의 세월	23	잘 가라 나의 배여!	50
고백의 말	24	창살 없는 감옥	51
눈 내리는 날	26	눈 내리는 날 2	52
사랑의 탐구	27	흰 눈 내리는 날 3	53
추수(秋收)	28	바람개비의 노래	54
에뜨랑제	29	방안의 어떤 풍경	56
에뜨랑제 2	30	남자의 능력	57
에뜨랑제 3	31	당신은 항상	58
비에 젖는 꿈	33	밤에 쓴 편지	60
꿈으로 만든 시간	34	생(生)은 무지개인가?	61

장미의 세월

밤은 왜 오는가?	62	여행의 날개	91
너를 만나는 날	63	그대를 그리워하며	93
다정한 속삭임	64	술 장미 여름	94
한여름의 시월	66	여름의 빛깔	95
어느 꿈속의 카페에서	67	그녀	96
너를 보았을 때	69	가을 이미지	98
겨울에 흐르는 강	70	그리움	98
그대와 나	71	살아왔습니다	99
달은 생각을 할까?	72	하루하루	100
축제의 밤	74	바라지 않기에 꿈꾼다	101
아름다운 밤	75	꿈의 조각보	102
여름비가 내린다	76	꿈꾸는 나의 하루	103
행복(幸福)	77	길 잃은 나의 길	104
별이 빛날 때까지	78	어느 날 갑자기	105
가을 나그네의 편지	79	지금 당신의 당신	106
너의 계절은 지고 있다	81	사랑 노래	108
음악	82	미사리	109
붉은 시간 속에서	83	여름의 맛	109
시간의 종소리가 울릴 때	84	당신의 당신2	110
부는 바람의 세월	85	당신의 당신 3	111
너라는 환상	86	별처럼 많은	112
겨울에	88	가을에	113
가득 찬 인생	90	아름다운 향기	114

이하림 글 모음

목차

아름다운 향기 2	115	신비한 너의 웃음	140
아름다운 향기 3	116	오래된 낡은 시계	141
한여름의 상상	118	인간은 시간 속에 산다	143
나른한 오후의 산책	119	바람이 불어오는 곳	144
우주의 옷자락	120	늦여름에 생긴 일	145
바다의 당신	121	만약에 가을이 온다면	146
끝이 없는 길	122	가을 만약에	147
가을 편지 5	123	나의 발걸음	148
오솔길	125	말	149
그저 그렇게	126	술잔의 비밀	150
너무 더운 날에 당신	127	당신은 카페에 앉아있다	151
그대라는 속에서	127	그 카페에 당신은	152
어젯밤 꿈에	128	여수 앞바다에서	153
장미의 세월	129	불어오는 눈빛	154
사랑	131	이별은 떠나는 길목	155
어제 내가 한 일	131	친퀘 테레	156
너와의 시간	132	가을 이별	157
알 수 없는 마음	133	가을 하늘을 보며	158
이상한 등불의 빛	134	여름이 별이 된다면	159
삶의 집에는 뭔가 있다	135	가슴 시린 하늘 아래에서	160
사랑충	136	어두운 의식의 빛	161
바다와 새	138	꿈길 속에 그대	162
고독의 알라딘 램프	139	한 송이 장미	163

장미의 세월

너에게 보내는 말	164	시간 밖의 시간	188
바람만 부는 시간	165	한 세상을 살아간다	190
살아가는 날들	166	가을비를 맞으며	191
누군가	167	가을 길을 걷다	192
너를 만나면	168	너에 대한 환상(幻想)	193
나는 그곳에 갔네	169	세월	195
가을 잎사귀	171	당신의 초상	196
우수의 노래	172	가을날의 회상	197
햇빛 가득한 날에	173	지나가는 것들	199
가을 꽃잎처럼	174	시를 쓰며 사는 까닭	200
외로운 날의 방황	175	별	201
가을에	176	나를 찾는 시간	202
당신을 바라볼 때 2	177	나의 노래는	203
바람만 불던 날들	178	산다	204
당신 때문에	179	바람에게 부치는 노래	206
작은 풍경화	180	시인의 쓴 편지는	207
이상한 나라의 당신	181	당신을 만난 건	208
그 사람과 함께	182	당신을 만난 건 2	209
널 그리는 마음	183	당신을 만난 건 3	210
새벽에 별이 빛나면	184	고독	211
가을비가 내리면	185	나의 대체자원론이란?	213
그 카페 그 성냥	186		
보면 볼수록	187		

이하림 글 모음   7

인생(人生)

(어떤 소녀와의 대화)

소녀 아저씨, 꿈 있으세요?
나　글쎄, 아마……있지!
소녀 어떤 꿈
나　삶을 노래하고 싶지!
소녀 사랑은요?
나　사랑때문에 사는걸
소녀 누굴 사랑하세요?
나　이 세상에 여자가 있는 한 난 사랑을 꿈꿔
소녀 현실적인 사랑을 하세요?
나　넌 누굴 사랑하니?
소녀 아저씰 사랑해요
나　날……어떻게
소녀 전 꿈꾸는 사람이 좋아요
나　넌 현실적인 사랑을 해야지
소녀 우리 바다에 가요
나　왜?
소녀 푸른 바다를 보고싶어요
나　난 돈이 없는데……
소녀 기차 타고 가요
나　그래 꿈에 기차를 타고……
소녀 바다를 보면 꿈이 커질 거예요
나　니가 꿈이야
소녀 ……(꿈 꾸듯) 소년과 바다……
나　난 소년이 아냐
소녀 꿈꾸는 사람은 다 소년이예요

나　그래, 맞아
소녀 (손을 잡고) 그럼 떠나요
나　그래, 떠나자!
소녀 걸어간다……
나　따라간다……

장미의 세월

추억 노래

마음에 타오르는 사진들
활활 지난 시간의 불꽃이 일어나고
의자에 앉아
과거의 너를 만나 웃는다
젊은 너의 모습에
빙그레 웃으며 손을 건넨다
하이얀 미소 입가에 띄며
침묵의 향기가 콧가에 스친다
멀리 있는 듯한 시간의 강 저편에
우리 추억의 길 걸으며
수줍은 햇살 등에 따갑게 걷는다
시계 속의 공간이 두웅실 떠서
나를 저 멀리 우주 밖으로 보낸다
별들을 밟으며 우린 걷고 걸었다
꿈속의 길이지만 우린 행복하다
추억이여
그 길은 어디에 있나?
한 방울 눈물이 눈가에 고이고
시간의 향기 매워서
가슴에 일렁이는 슬픔의 파도가 인다.

한여름 밤의 담배 연기

1789
　　프랑스
　　　파리
　　　　돈 없고 볼품없는 나
　　　　　화창한 봄날
　　　　　　언젠가 한 번 본 당신
　　　　　　　싸구려 기름 물감 몸이
　　　　　　　　모닥불처럼 타오른다
　　　　　　　　　타는 꽃으로 당신을 그리워합니다
　　　　　　　　　매일 매일 당신을 사랑합니다
　　　　　　　　　그날 결국 당신은 아아……
　　　　　　　　아틀리에
　　　　　　　식탁 위에
　　　　　　빵 한 조각
　　　　　포도주 한 병
화폭을 바라본다
　　　　　　　　　흰 목을 그린다
　　　　　　　　뜨거운 목을 그린다
　　　　　　　붓을 내던진다
　　　　　그리고 영원히 잠든다
　　　　　창가에 진홍 커튼이 울어댄다
　　　　　2019
　　　　　　운중동
　　　　　　　방안
그대 생각에
전화도
편지도

장미의 세월

못하고
담배만 피운다
담배만 피운다
이 무더운
여름의
담배
연기
속.

환상 속에 우물이 있다

현대라는 사막에도 비는 내린다
추적추적 내리는 비를 보며
비는 내리는데
왜
사막에는 우물이 없을까?
너무도 메마른 가슴들
너무도 타들어 간 마음들
너도 황폐화된 생각들
바람에 날리는 건 사막의 모래알갱이
현대라는 사막에는
현대라는 내면의 거친 바람 속에
인간들은 헉헉거리며
끝없는 사막을 걸어간다
누구 하나 인정의 마음이 없다
바짝 마른 물기 없는 마음에는
독한 도시의 매연 냄새만이 가득하다
아주 오랫동안

우물 없이 살아온 사람들
이 도시에는
이 사막에는
인간이 살고 있지 않다
다만 인간의 형상을 한 짐승들만이
썩어가는 도시 속에서
으르렁거리며 아귀다툼의
지옥도를 연출한다
현대에는 우물이 없다
바짝 말라비틀어진 물기 없는
욕망과 욕정만이
이 도시에 불을 밝힌다
비는 내린다
그러나 말라버린 가슴에는
사랑이란
우물은 전설로 남아
현대의 사막을 더욱 메마르게 한다
우린 현대라는 지옥 속에 살아간다
다만
인간의 환상 속에
사랑의 우물이 있다
환상은 꿈의 나라이다
꿈에서 깨면
아무것도 남지 않는 지옥의
사막이 펼쳐진다
가도 가도 끝이 없는 현실의 사막
욕망의 태양만이
이글거리며 타오른다.

바람처럼 헤어지다

아무 말 없이 떠나가는 그대여
그냥 그렇게 흘러가는
구름으로 떠나가는구나!
생의 마른자리에 서서
먼 곳 바라보며
바람이 불어오는 곳에
흔들리는 나뭇가지처럼
사뿐히 떠나가는구나!
짧은 순간들이 강물처럼 흘러서
어디선가 다시 만나듯이
우리도 내리는 빗방울의 인연으로
또다시 만나
어느 카페의 한구석에
작은 불을 밝히고
지나온 자국에 대해
따스한 입김처럼 말하겠구나
불어오는 바람에 떠나는 그대여
말 없는 흔적의 바람으로
서서히 멀어지는 구름의 이별로
바람의 향기를 남기고
어느 바닷가에서
꿈꾸듯이 다시 만나자
바람의 꿈을 안고 떠나는
너의 긴 발자국 보며
나는 시선을 보내며
웃음을 실어 바람에게 보낸다.

추억노래 2

시간의 기차 타고 추억의 차로를 달린다
차창에 스치는 풍경은 반갑게 웃으며 손을 내민다
하늘에 푸른 구름은 한가한 새들의 노래로 번진다
옛 교실들 그리고 아카시아 꽃잎들
강물은 출렁이고
자전거는 하늘을 향해 달린다
꿈 많던 시절의 날개 달린 마음
지금은 좁은 방에 나를 가두고 떠나간 시간을 붙잡고
씨름을 한다
별을 따기 위해 들판을 걸어간 소년은 찬 이슬만 맞고 운다
산이 에워싸는 계절의 낙엽이 하나둘 질 때
창문에 서서 옛 편지들을 읽는다
떠나고 흘러간 시간과 사람들
의자엔 고독이 흐르고 옛이야기는 노래로 흐른다
달이 환하게 웃는 밤
잠 못 드는 세월의 나그네는 시간의 외딴길 걸으며
빈 마음 달 위에 띄우고
발자국 소리 지우며 걸어간다.

흐린 날에 커피 향기

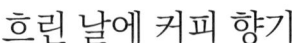

이런 날이면 한 잔의 커피를 마시고
그리운 사랑처럼 담배를 피워문다
안타까운 옛사람 생각이
담배 연기처럼 피어오르고
함께 마주 보며 커피를 마시던 그 시간의
여운과 향기를 떠올린다
환영같이 늘 곁에 있는 당신의 흰 손
마취제 같은 커피향기는
어제와 오늘을 이어주는 끈처럼
당신과 나를 함께 한다
흐린 날에 파란 하늘을 그리워하듯
늘 커피향기는 당신의 검은 눈동자를
추억 속에 살아나게 한다
이제는 머나먼 이야기들
함께 걷고
함께 웃으며
함께 세월을 이야기하던 당신
아득한 시간의 물결 속에
잔영처럼 나타난다
한 잔의 커피와 담배는
나의 고독한 인생에 작은 위로
미래를 향해 가는 나의 길은
아직 오지 않은 그 사람의
입술 같은 달콤함
커피의 꿈처럼 아련하고
속삭이는 듯한 빗방울
이런 흐린 날이면

한 잔의 커피와 내면의 담배처럼
지난 어느 날의 당신의 위로 같은
사랑의 편지를 간직하고
시간의 노래를 한다
까만 그리움의 커피향기는
쓴 눈물의 독백 이야기
흐린 날에 쓰는
잔잔한 달빛 같은 추억의 꿈
흐린 날의 고백이다.

환상카페의 너

햇빛 마구 빛나던 어느 날
비틀거리는 마음으로
어느 카페에 간다
커피의 향은 어둡고 잔잔해
마음은 고독의 빗줄기 내리고
어둡고 캄캄한 창고 같은 하루에
그곳에서 너를 보았다
바람이 불었고
가을비가 내렸다
안개가 끼고
하이얀 눈이 내리는
이 카페는 설국의 향기
너는 책을 읽었다
까만 안경을 쓴 너는 시집이었고
고양이였다
나는 외로웠다
나는 담배를 피우고 연기를 뿜었다
미친 사랑이 파도로 몰려오고
사막의 모래가 내 마음에 쌓였다
카페에 달이 뜨고
눈먼 까마귀 날아오른다
너는 책을 읽고 있었다
글자가 날개를 달고 빛나고 있었다
너는 카페에 앉아 있다
이곳은 해의 빗방울이 쏟아지는
환상카페였다.

환상카페의 너 2

길거리는 바람에 하나둘 낙엽이 떨어지고
나는 주머니에 손을 꽂고 그곳에 들어갔다
언제나처럼 반겨주는 조명의 나비들이 나를 보고 웃었다
카페 의자에 앉아 내 까만 고통의 커피를 마신다
너는 저만치 앉아서 꿈을 꾸고 있다
그 꿈들이 내게 미소 지으며 유혹한다
너는 스웨터를 입고 있다
가을바람에 카페 유리창은 흔들리고
편지를 쓰고 있는 너의 하얀 손은
비애에 젖어 떨며 울고 있다
떨어지는 번개의 슬픔이 내 가슴을 찌르고
나는 까맣게 감전되어
싸늘하게 시집 한 권을 읽는다
가을 카페에는 감전된 눈송이가 날개를 달고
하늘에서 떨어져 꿈으로 녹아내린다
커피는 침묵하고 향기는 까만 미소를 짓는다
너의 눈빛이 쏟아낸 따스한 편지들은
지금 카페에 천사들이 악기를 들고
너의 무릎 위에 앉아 노래한다
여기는 추억의 낙엽이 쓸쓸히 떨어지는
환상카페이다.

환상카페의 너 3

노을이 흐르는 저녁
카페에 하루가 간다
빨간빛에 물들어 문을 열고 들어간다
커피 향이 물씬 풍기는 이곳
당신은 까만 안경을 쓰고 앉아 있다
음악이 낙엽처럼 눈송이처럼
내려앉고 휘날린다
삶의 조명이 내 얼굴에 깔린다
슬픈 이마를 숙이고
카페 의자에 앉아 꿈을 곱게 접어
가슴 가장 깊은 곳에 넣는다
내가 가진 모든 것
가장 값진 모든 것
보여줄 수 있는 모든 것은
새처럼 날아오른 꿈 한 마리
말하고 싶지만 아무 말도 못 하고
너는 누군가에게 편지를 쓴다
아마 사랑이겠지
시간은 이제 침묵해야 한다
커피 향이 피어오를 때
환상카페는
슬픈 노을로 물 들어간다.

추억으로 지는 달

웃음으로 지는 석양 노을처럼
우리들의 사랑도
밤이 오면 떠오르는 달처럼
환하게 빛을 내며
우리의 후미진 곳을 구석구석
비추며 미소 띤 얼굴처럼
밝게 빛을 낸다
꿈의 세월이 흘러가고
밤의 노래 속에
술잔을 기울이며
시간의 냇가에서 흐르는 물처럼
이 한세상 살아가자
달이 뜨면
그 속에 빛나는 꿈의 이야기들
귀 기울이며 속 아픈 내 인생을
잊어보자
보고 또 보는 달의 웃음은
시름 많은 세상의 꿈처럼
아름답게 빛난다
권태의 하루가
빛나는 달빛의 노래에
영혼을 달래고
그리운 이의 얼굴로
허공에서 수줍게 떠 있다
저 하늘에 너와 나의
지난 시간들이 스며들어
흐르는 강물처럼 떠나가고

꿈처럼 다시 떠오른다
추억의 노래는
달빛처럼 빛난다.

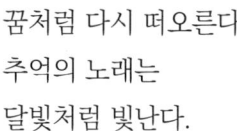
장미의 세월

안개 숲

알 수 없는 길을 간다
흰 눈 내리는 벌판의 고독한 길을
알 수 없는 길을 간다
가을비 내리는 낙엽의 길을
알 수 없는 길을 간다
앞이 자욱한 미로의 길을
알 수 없는 길을 간다
신의 지정한 운명의 길을
알 수 없는 길을 간다
향기 나는 꽃들이 피어난 길을
알 수 없는 길을 간다
언덕에 바람만 불어오는 길을
알 수 없는 길을 간다
그대의 신비한 눈빛 속의 길을
알 수 없는 길을 간다
뙤약빛 내리쬐는 여름의 길을
알 수 없는 길을 간다
어두운 골목 쓰레기 쌓인 길을
알 수 없는 길을 간다
설레이는 인생의 연극 드라마의 길을
알 수 없는 길을 간다
천둥과 번개가 치는 밤길을

알 수 없는 길을 간다
빈 향수병 같은 공허한 생의 길을
알 수 없는 길을 간다
지나온 길과 지나갈 신비의 길을
알 수 없는 길을 간다
탄생과 죽음의 빛과 어둠의 길을
알 수 없는 길을 간다
꿈인지 환상인지 모르는 현실의 길을……

아주 먼 나라

아득한 시간 저편에
꿈의 나라가 있다
이제는 갈 수 없는 나라
시간을 거슬러 올라가야 할
유년의 마법의 꿈들이 있다
포근한 이불같이 따듯한 나라
달콤한 이야기 같은 하늘빛 나라
강물에 지는 붉은 노을 같은 나라
때때로 창밖을 바라보며
되새김질하는 나라에
나는 가고 싶다
풀과 나무와 꽃들과 대화하던 시절
모든 게 신기하게만 느꼈던 시절
여자라는 이성에 풍만한 동경을 하던 시절
그 먼 나라에는
만화와 동화의 세계가 있었고
나와 세계가 하나가 되던 시절

장미의 세월

아이들과 놀다가
어둑해지면
담장 밖으로 흘러나오는
된장찌개의 향기
어두운 밤하늘에 별이
초롱초롱 빛나던 시절
이제는 가볼 수 없는 아주 먼 나라
꿈과 추억으로만
간직한 시간의 저편에 나라
눈이 내리던 날
아침에 그 향기를 잊지 못한다
순백의 꿈이 내리던
그 시절의 먼 나라를.

초조한 바람의 세월

꿈꾸는 시간들
꿈꾸는 안개들
꿈꾸는 빗방울
꿈꾸는 눈송이

시계 속의 침들은 바쁘게 현실을 사는데
모래바람 불어오는 하루의 사막은
그냥 쓸쓸하기만 하다

마음에 내리는 꿈의 시간들은 이제
붉게 물들어 노을로 노래한다
쏜 화살처럼 가슴은 설레인다

세월을 향해 달리는 바람
밤의 별들은 꿈꾸듯 반짝이며
생의 벌판을 걸어가는
나그네에게
초조한 미소로 빛난다.

고백의 말

그대를 본 지가 언제인지는 모르지만
달밤에 서성이며
담배도 한 대 피워물고
마음의 고독에 대해 생각한다
쓸쓸한 길목에서
언젠가는 할 고백에 대해
웃음 짓는 당신을 떠올리며
나의 초라함에 대한 반성을 한다
고백은 꽃잎처럼 나올 수도 있고
고백은 낙엽처럼 떨어질 수도 있다
문제는 어느 때이다
골목길의 처마들이 기대서서
서로를 위로하듯이
우리도 지친 생의 벌판에서 서로를
기대며 먼 길을 걸어갈 수 있을까?
달은 빛나고
고독의 이 시간들이 방긋 웃으며
어깨를 토닥이는 그런 순간이 온다면
행복하리라
꿈꾸듯이 살아가는 이번 생에

장미의 세월

현실의 사랑이 내게 다가온다면
나는 꿈에서 깨어나
앞에 있는 당신을 포옹하고
내일의 햇살 속을 걸어가리라
힘든 말
고백의 언어를 이 밤에
냇가에서 물로 다듬어
그날이 오면
긴 고백의 백지 같은 춤의 언어로
그대에게 말하리라
언젠가는 말이다
그 밤에도
달은 휘영청 떠 있고
그 달빛 아래 나의 고백에 노래는
눈송이처럼 새하얀 마음의
독백이리라
세월 속에 변하지 않는
순금의 언어로 빛나리라.

눈 내리는 날

한 소녀
벌판에 서서 눈을 맞네
펄펄
내리는 눈은
세상의 가슴에 내려앉네

흰빛의 영롱함
소녀의 가슴을 꿈으로 물들이고
작은 강에 투신하는 눈
맑게
시리게
순수하게
아름답게 내리는 눈

도시 위에도 눈은
서러운 세상살이 위로하듯
골목길 조명 속에서 웃네
눈은
무대 위에서 인사하고
하얗게 투신하여 끝내는
사라진다네

소녀의 눈망울
별처럼 빛날 때 눈은
사랑의 속삭임으로
우리 마음에 내려앉네.

사랑의 탐구

더 알기 위해 내면의 바닷속으로
들어갔다
더 알기 위해
더 이해하기 위해
더 사랑하기 위해 내면의
깊은 곳으로 들어갔다

거기엔
강과 바다와 산 그리고
달과 해와 별들이 빛나고 있었다
더욱더욱 내면에 깊이
들어가기 위해 노력했다

꽃을 찾고
꽃잎의 미묘한 향기를 탐구하기 위해
더 들어갈 수 없는 곳까지
들어갈 수 없는 곳까지
탐험해 들어갔다

그러나
아직 멀었다
내 생이 끝나는 날까지
더 깊이 들어가도 끝나지 않는
내면의 깊은 아름다움이
마음속에 들어있다

모험을 떠나자

내면의 대륙과 우주를 탐험하기 위해
지상의 모든 미의 원천을
알기 위해
오늘도 나는
내면의 신비를 향해
들어간다.

추수(秋收)

가을 냇가에서 칼을 갈며
그대를 생각한다
그리움으로 날을 내고
간절함으로 날을 벼린다
해와 달의
정기로 익힌 일월 검법
밤에
냇가에 비친 만월을
정의 기운 모아 두 쪽으로 버리다
달 조각 모아
그대 눈썹 만들어
밤하늘에 걸어
내 맘을 보인다.
써늘한 밤하늘
별들이
그대 두 눈 되어 빛나리
가깝고도 먼 그대여!

에뜨랑제

그대
어디서 와서 어디로 가나요?
그대
무엇 찾고 무얼 기다리나요?
그대
언제 떠나고 언제 오나요?
그대
안개의 고향 타향의 항구
그대
노을 진 바다에서 먼 수평선
보나요?
그대
이 대지의 향기 땅의 노래를
듣나요?
그대
비 내리고 눈 내리는 이 고장에
무얼 그리워 하나요?
그대
삶은 아무것도 설명하지 않고
아무것도 이해할 수 없어요?
그대
이 세계의 신비 느끼나요?
이 세계의 슬픔 느끼나요?
그대
이 세상은 고독으로 차 있어요?
그대
발 닿는 대로 와서 발 닿는 대로

떠나는 게 인생길
나의 연인 에뜨랑제.

에뜨랑제 2

낯선 도시의 황량함은
이방의 사람을 움츠러들게 한다
바람이 불어
외투를 꽉 끼어 입고
사람들 틈에 자신을 끼운다
가난한 호텔
가난한 식사
잠과 허기를 때우고
쓸쓸히 가방을 메고
다시 어디론가 떠난다
잡는 사람 없고
부르는 사람 없다
마음의 허허함을
메꿀 수 없어 낯선 도시의
거리를 배회한다
주머니에 가진 동전 몇 개
이걸로 또 하루를 버티어야 할
시간
시간들
그는 정처 없이 다음 도시로
발길을 옮긴다
저녁이 그리움으로 몰려오면
어디선가 밥 짓는 연기 오르고

장미의 세월

따스한 내음 풍기는 가정의 뜰
사랑으로 바라본다
떠나야 할 자는 떠나야 하는 법
도시의
길 잃은 고양이들
나와 함께 이 도시
어슬렁거리며 울어댄다
사람이여
이방인이여
바람의 뒹구는 낙엽처럼
오늘은
또 어디로 가―는가?

에뜨랑제 3

항구에
갈매기들 날고
배와 사람들이
오고 간다
쓸쓸히
이 고장 찾아와
어시장 걸어가면
눈가 촉촉한 고기들이
진열돼 사람을 부른다
석양이
지는 백사장
발자국 남기며 걸으면
작은 그리움

호롱불 되어 해변의 노을
사랑으로 물든다
바람
파도
새들
이들과 벗하여 걸으면
음악 소리 호적 하게
귀를 모은다
사랑이 떠오르면
사랑이 떠오르면
먼바다
해안선 바라보며
그리운 이 얼굴이
피시시 피어난다
창백한
옛사랑의 그림자
떠나는 사람
떠나는 사람
때때로 동반자 되어
무거운 발걸음
무거운 나날들
음악으로
춤으로
발길 가볍게 하여
주머니에
손 구겨 넣고
긴 그림자 끄며
다시 떠나간다
아무 미련 없이 떠나게 한다
바람처럼 운명처럼.

비에 젖는 꿈

비가 내린다
비가 내린다
가슴에 돋아난 꽃 한 송이
그 꿈이 비를 맞는다
그 꿈이 비를 마신다
가슴의 슬픔을 마시듯이
파란 하늘에서 파란 비가 내린다
우산을 쓰며 지나가는 사람들
그 머리 위에 비는 내리고
그 머리 위에 슬픔도 내린다
비를 맞는 꽃은
비명을 토하며 쓰러진다
비를 맞는 꿈은
비명을 토하며 쓰러진다
쓸쓸한 세상에 쓸쓸한 비가
하얀 꿈을 적신다
슬픔을 삼키며 피어나는 가슴의 꽃
하늘에서 누가 물을 주는가?
메마른 세상에 고독을 주기 위해
하늘이 흘린 눈물일 것이다
꽃이 쓰러지고
꿈도 쓰러지고
가슴만 쓰리게 비를 맞으며
노트 위에 슬픔을 적는다
비가 내린다
꽃과 꿈 위로.

꿈으로 만든 시간

턱을 괴고 몽상에 빠지리라
어느 날 너무 이쁘지도 않고
너무 밉지도 않은 소녀를
만나 추억의 시간들
다이아몬드의 빛깔과 같은
세월을 보내리라
기차를 타고 여행하리라
옆에 소녀와 차창 비친
거리와 들 바라보리라
소녀와 해변을 걷겠다
모래성을 같이 쌓겠다
놀이공원에도
소녀가 준비한 도시락을
가지고 갈 수도 있다
스릴과 흥분의 놀이 속에
난 그녀를 꼭 껴안으리라
술집에서 소녀와 술을 마시며
예술과 인생을 논하리라
난 소녀에게 담배를 권하리라
기침을 하는 소녀를 재밌게
바라보리라
낙엽이 떨어지는 공원을
소녀와 걷겠다
우수에 빠진 소녀를
끌어안고 키스하리라
달밤에
공원 벤치에서

장미의 세월

허공엔 뜬 달 바라보리라
소녀는 내게 머리를 기대고
꽁꽁 얼어붙은 스케이트장
소녀의 벙어리장갑 잡고
빙판을 헤쳐가리라
소녀와 오뎅과 떡볶이를
먹으며 목도리를 감아주리라
눈 내리는 벌판
소녀와 뛰어가리라
아기 강아지처럼
어느 날
내 서재에
소녀 아닌 소녀가
커피를 가져오면 난
말하리라
이제 죽어도 여한 없다고……

비 오는 쓸쓸한 길

하얀 비가 내린다
무겁게 내려앉은 하늘이
검은 구름을 누르면
굵은 빗줄기가 내린다
그대의 검은 눈이 감기면
해변의 그 백사장에는
새들이 날아오르고
한번 떠나간 기차는 오지 않는다

꿈꾸듯이 걸어온 세월의
바람은 나를 떠밀며
슬픔과 기쁨의 해풍으로
옷자락을 날리게 한다
저무는 황혼 녘의 노을이
농밀한 우리의 감정을 말한다

떠나간 그 사람의 말 없는 웃음이
여름 바다에 출렁거린다
비는 내리는데
창밖으로 지나가는 사람들의 발자국
그 위에 철철 빗물은 넘친다

늘 혼자 걷는 길
사랑의 시간은 비 맞는 쓸쓸함
내리는 비를 처벅처벅 맞으며
세월의 고독 속을 걸어간다.

지구본 위에 사랑

작은 책상 위에 지구본
그곳에 세계가 놓여있다
가만히 들여다보면
세계의 어딘가에는
눈 내리는 벌판이 있고
그 길을 걸어가는
작은 연인들의 사랑이 있다

장미의 세월

때때로 비는 내려서
두 사람은 한 우산을 쓰고
서로를 느끼며
외로운 길을 걸어가고 있다

책상 위에는
수많은 사람들이
사랑과 슬픔의 전쟁이 일어나고 있다
책상 위에 지구본에는
많은 사람들이
오늘을 살아가기 위해
한여름의 햇살 아래
진한 땀을 흘리며
지구본 위에
사랑과 슬픔의 눈물을 흘린다

책상 위에
파란 지구본 위에는.

여인의 초상

그대 이방의 여인아
그대를 소녀라 부르리
남자가 생을 살아가는 의미를
일깨워준 생명의 목적이여
그대 왜
이 땅의 와서
무슨 고혹 매력을 발산하려고

하는가
소녀여
그대 탐스런 육체 단지
눈요기를 위함인가?
내가 피카소였다면
당당히 그대에게
내 예술혼
그대 위해 불태우려네
보들레르였다면
영원한 추억의 모습을
시의 화폭에 담았으리
소녀여
머나먼 나라에서 온
눈 푸른 이방의 여신이여
가진 재주 없는 나를
한없이 초라하게 한 소녀여
한눈에 반한
내 영혼
어찌하려는가
내가 사랑에 채인 적
한두 번인가?
이제 소녀여
내 그대를 위한 서정의 노래를
서툴게
아주 서툴게 부르네
이 세상 끝나는 날
태어나 처음 미의 여신 아프로디테를
눈으로 확인했다고
그대 소녀여

장미의 세월

그댈 날 모르나?
나 영혼의 화폭에
그댈 담아
이 가슴에
영원히
영원히
간직하겠다고
오 눈 푸른
이방의 꽃이여 영혼이여
나의 소녀여
영원히!

고독의 향기

다리 위에서 흐르는 강물
바라본다
배는 떠나가고 구름은
우울하게 머뭇거린다
세상은 아무 말도 없고
담배 연기는 쓸쓸히
돌아본다
카페의 밤하늘엔 별들이
웃고 있다
남자의 가슴에 여인의 초상이 있고
붉은 노을이 기차를 배웅한다
꿈을 그린 캔버스는 울고 있다
술은 구원이고 친구이다
세월의 영혼만이

창문을 흔들며
빈방의 향기로 타오른다.

여자들이 하나둘 결혼할 때

우주의 구석방에 살고있는
몽상가
전 세계 여인들을 연인으로 생각하며
이런 삶도 괜찮다 하며 살고 있다

그런데
이들이 몽상가를 버리고
하나둘
결혼을 하는 모습을 볼 때
몽상가는 괴롭다
또 떠나가는구나!
또 나를 버리는구나!

또다시 한숨이 나온다
우주의 고독이 숨 쉬는 구석방에서
몽상가는 꿈꾼다
살아가는 의미는 사랑이다

사랑은 주는 것이기에
떠나가는 여인들을 보며
축하의 꽃다발을 보낸.

걷고 싶은 길

해안가
바다가 보이는 곳
걸어가고 싶다
끝없이
펼쳐진 길
멀리 망망한 바다
새도 날아오르는 허공
항구도 보이고
밤이면
등댓불도 비추는 바다
걸어가고 싶다
나의 길이고 싶다
별도 달도 빛나는
해안가를
마냥 한없이
걸어가고 싶다
비도 내리고
눈도 내리고
안개도 끼는 바닷가를
눈 맞으며
한없이
걸어가고 싶다
아마
내 인생길이다
해안가를
걸어가고 싶다
바닷바람 속

끝도 없이
한없이
걸어가고 싶다.

장미의 정원

한 송이 장미
그 향기 퍼져나가
연인들의 꿈이 되리라

한 송이 장미
그 향기 퍼져나가
마을의 꿈이 되리라

한 송이 장미
그 향기 퍼져나가
세계의 꿈이 되리라

한 송이 장미
그 향기 퍼져나가
슬픔의 꿈이 되리라

한 송이 장미
그 향기 퍼져나가
인류의 사랑이 되리라.

한여름의 편지

잔잔한 울림처럼 다가오는
먼 하늘의 종이비행기처럼
작은 너의 눈빛은
아름다운 편지
그 의미에 담긴 속내 음은
한여름의 녹음처럼
향기를 품고 있다

머나먼 곳이지만
잊을 수 없는 생의 종소리처럼
깊은 마음의 사연은
별이 빛나는 밤이면
언덕에서
흐르는 강물에 세월을 보듯이
지난날들이 흘러간다

그대와 함께했던 시간들
그때의 웃음과
그때의 슬픔이
빛나는 사연의 편지처럼
하늘에서 별빛으로
내려앉는다

잊혀지지 않는 우리의 흔적들은
떠도는 하얀 편지처럼
여름밤에
반짝이며 날아온다.

한낮의 추억

책상에 앉아 꿈을 꾸듯
지난날들 돌아본다
이제는 가버린
올 수 없는 시간의 환영들
흔들리는 커튼처럼
내 마음을 흔든다
시계의 표정은 침울하고
한낮의 햇살은 따갑다
그 빛들에 적셔져
많은 날들을 보냈다
파랗고
빨갛고
노랗게
안개처럼 다가오는 표범의 눈
빛나고
불이 쏟아져 나오는 듯하다
고통스럽다
나를 바라보는 지옥의 시간은
언제나
예리한 안개의 노을처럼
비명을 지르며 다가온다
누군가와 대화를 한다
내 아픈 문을 노크하며
지난 시간들의 죽음을 깨어나게 한다
살아나는 고통과 감각의 꿈들
흐르지 못하고 고여서
가슴을 찌르는 바늘과도 같다

장미의 세월

헉헉거리며 한낮의 거리를 달린다
따라오는 악령같이
달콤한 시간 위에 불을 피운다
쓰러지는 인간과
비틀거리는 시간과
울먹이는 상상의 추억들이
한낮에
긴 담배 연기에 뭉실뭉실한 고백들
태양 아래
새로운 것이 없고
질주하는 시간의 비명만이
한낮의 비밀을 숨긴다.

나는 시를 쓸 겁니다

흰 눈이 내린 날에
카페에 앉아 커피를 마시며
나는 시를 쓸 겁니다

눈이 창가에 내릴 때
창밖을 보며
어느 순간 불쑥 당신이
들어오는 모습을 상상하며
흰 종이에 시를 쓸 겁니다

당신의 모자와 우산과 장갑을
떠올리며 당신의 모습을
하나하나 시에 적어 갈 겁니다

밤이 찾아오면
내 마음에 깃드는 까만 추억이
내 시를 적셔 물들일 겁니다

시에는 행복 추억 꿈 그리움이란
향기가 서려 있고
전등의 불빛이 내려앉는 고요 속에
내 시도 음악으로 흘러내릴 겁니다

흰 눈이 내린 날에
카페에 앉아
나는 시를 쓸 겁니다.

구름이 있는 곳에

나 이제 갈게요
저 어딘가에 구름이 머무는 곳
그 아래에 흰 꽃이 있는 자리
당신은 아마 그곳에 있겠죠
눈빛이 바라보는 그 언덕에
당신은 누워 하늘을 보며
구름이 흘러가는 것을 볼 겁니다
나 이제 갈게요
기차가 떠나가는 철로 위를 따라
세상의 모든 나무들이 쓸쓸한 세상에
위로의 잎을 휘날리는 그곳
당신은 내 눈앞에 모든 사물 속에 숨 쉽니다
나 이제 갈게요

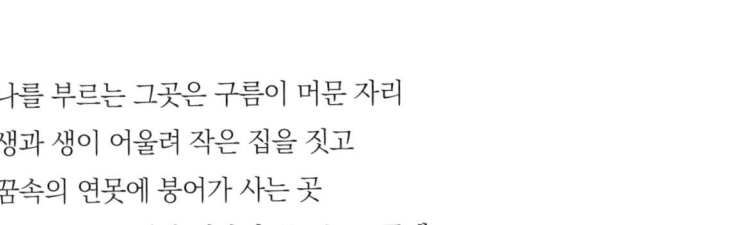

장미의 세월

나를 부르는 그곳은 구름이 머문 자리
생과 생이 어울려 작은 집을 짓고
꿈속의 연못에 붕어가 사는 곳
그 구름 아래에서 행복이 꿈꾸는 그곳에.

X를 찾아서

미래의 꿈
미래의 희망
미래의 사람
어딘가에는
어딘가에는
X가 있다
슬픔
고독
사랑
희망 속에 X가 살고 있다
어떤 방정식
어떤 함숫값
인생이 풀어내야 할 답들
꿈속에서
환상 속에서
현실 속에서
X를 찾고 기다린다
우연히
걷다가
갑자기
안개 속에서

X가 찾아온다
얼굴에
미소를 띠우며
올 것이
마침내
기어이
확실히
꿈에 장막을 걷고
X는 등장한다
잠자고 있는 순간에도
서서히 다가오는
운명의
X를.

이 땅의 사람들

왁자 왁자
북적 북적
빠글 빠글
사람 사는 곳
참 다양한 사람 산다
어떤 법
어떤 도덕도
이 사람들
만족시키지 못한다
생각도 각각
얼굴도 각각
재주도 각각

장미의 세월

다 다르고 또 다르다
요지경
인간
세상
알아서 살아야 한다
절망 희망 국에 말아
알아서 먹고 마시며
살아야 한다
진리가 뭔가
무엇이
정의
평등인가
허망한 이름들
빛나는 꽃 이름 나무 이름
하나라도 더 알자
작은 소망 가꾸며
사람 사는 곳
법이 아니라
도덕이 아니라
자유가 아니라
평등이 아니라
인정의 꽃밭 속에
살아가야 할
이 땅의
사람들.

잘 가라 나의 배여!

조용히 아주 말없이
눈가에 이슬 맺힌 그 눈동자에
작은 꽃잎이 소리 없이 진다
푸른 하늘 아래
작은 노래로 울려 퍼지는
계절의 찬가는
슬프도록 가슴 아픈 연가

떠나가는 배여
멀어지는 나의 꿈이여
바다의 물결은 출렁이고
세월의 바람은 불어온다
기다리지 않는 먼바다의 달빛
가야만 하리 나의 조각배
파도를 헤치고

무지갯빛 하늘 아래에서
우리 모두는 기다린다
속삭이는 해와 달의 침묵의 소리
알 수 없는 별들의 하얀 손
시간의 출렁이는 물결을 헤치고
나의 배는 바람만 부는
그곳으로 떠나가리
작은 꽃잎의 바닷속으로.

창살 없는 감옥

인생이란 감옥
세상이란 감옥
문명이란 감옥
온갖
인간을 감시하는 장치들
도덕
법률
세상이 만든 숨 막히는 편견
여기에 질식하고 끌려다니는 사람들
우리는
모두 세상이란 감옥에 갇혀 있다
이 눈치
저 눈치
온통 눈치 보느라
먹고 살기 위해서
숨도 제대로 못 쉬고 사는 사회
인간들은 마음에 창살을 갖고 산다.
그래서
사람은
술에
도박에
남자는 여자에
여자는 남자에 미쳐 산다
뭐가 이 세상을 복잡하게 하는가?
대답은
알 수 없어요
알 수 없어요

한 가지
분명한 사실은
이 감옥에서
이 창살에서
우리는 탈출하기 위해
파피용처럼
쇼생크처럼
끝없이
고민하고
번뇌하며
자유인이 되기 위해
몸부림쳐야 한다.
탈옥을 시도해야 한다
대붕에 날개를 만들어 달아라
저 창공을 향해
우주의 끝까지 비상해보자
세상이란
창살을 뚫고 날아보자.

눈 내리는 날 2

눈이 내리는 날
삶은 혼자 가는 게 아니다
바람 불어 추운 세상에
삶은 늘 죽음과 손잡고 간다

눈이 내려 향기 날 때
아름다운 우리 생의 빛깔이

펄펄 내리는 고독과 함께 가는 것이다

눈이 내리는 날
흰 눈을 저벅저벅 밟으며
가야 할 먼 길을 쳐다보라
새 한 마리 날아가고
나뭇가지에 흰 생의 짐들이 쌓여있다

눈이 내리는 날
바람 부는 길 위에
삶과 죽음이 서로 의지하며
하얀 벌판에
흰 발자국 남기며 멀어져 가는 것이다

차고 바람 부는 세상에
우리 사는 흰 눈 내리는 저녁
따스한 연기
오두막에서 피어오르는 것이다.

흰 눈 내리는 날 3

도시에 눈이 내리고
흰 눈 덮인
벌판을 기차는 달려간다

세상 끝을 향해 가는
어린 누이와 함께 떠나는 소년
바다에 새들은 날고

수평선만이 망망해서 울고 있다

눈은 내리고
모든 떠나가는 그리움들이
세상을 향해 외친다
항구에 고독한 배들은
눈을 맞고 외롭다

적막한 식당에
어린 누이와 손잡은 소년이
국밥을 먹는다
창밖으로 보이는 눈 세상
떠도는 눈송이로
새처럼 날아가고 싶다

시린 바닷가 추운 저녁
하얗게 내리는 눈은
별처럼 따뜻하게 내린다.

바람개비의 노래

이 세상
무거운 침묵이 덮고 있다
사람들 그 무게에 깔려 있다
불어라
불어라
바람 없는 세상에 바람으로 달리는
나는 바람개비

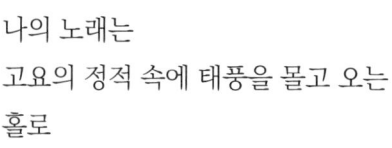

장미의 세월

나의 노래는
고요의 정적 속에 태풍을 몰고 오는
홀로
세상을 향해 꿈을 돌리는
나는 바람개비
떠나간 사랑의 그대여
달린다
가슴을 열고 질주하는 나의 사랑
나는 바람
나는 희망
나는 미래
꿈 없는 세상을 뛰어가며
바람을 일으킨다
정적과 침묵만이 있는 텅 빈 거리를
나는 달린다
바람 없는 세상에 바람으로 돌아가는
나는 바람개비
세상을 사랑으로 돌리는
휘몰아치는 바람
나는 바람개비.

방안의 어떤 풍경

책상 위에 커피
라디오 소리
담배의 한숨 소리
너 없는 밤
방안의 쓸쓸함
방안의 허무
방안의 고독
스탠드 불빛 우울하다
멍한 나의 눈빛
아프리카의 태양
야자수 나무 아래
돌아가는 선풍기
안경 낀 여자
텅 빈 바다
북극과 남극의 바람
노래는 별 끝까지
화살처럼 날아간다
삶의 정적을 뚫고
심장의 방아쇠 당긴다
피 흘리며 쓰러지는 너의 그림자
방안의 고독에 쓰인 편지
사랑이란 단어가
창문 밖으로 날아간다
손으로 굿바이 안녕
커피는 식었다
라디오는 멈췄다
담배는 불타오른다

너 없는 밤
세계의 텅 빈 거리들
노란 방안의 침묵……

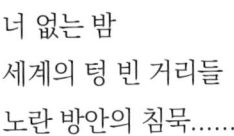

장미의 세월

남자의 능력

그러니까
나이를 먹고
불안
초조
걱정되는 까닭은
단
한 가지
밤에
한밤에
당신을 아홉 번 죽였다
열 번 살리는 재주
없기 때문이다
낙심
근심
허망한 인생에
남자로서
진정한
인정은
단
한가지 재주
당신을 아홉 번 죽였다
열 번 살리는 재주

불안한
이 마음
이 상상을 생각해 보라
거꾸로
당신이
날
아홉 번 죽였다
열 번
째 죽이면
난
완전히 죽는 거다
완전히 세상을 뜨는 거다
신이여
기원합니다
기원합니다
무엇을
무엇을
남자의 능력을.

당신은 항상

카페에 가도
커피 향 속에
언덕에 올라
지는 노을 속에
바다에 떠오르는
바다 빛 태양 속에
당신은

장미의 세월

당신은
어디에도 어디에도
캄캄한 밤 침대에
자고 있는 내 꿈속에
바에 앉아 담배를 피는
연기 속에 연기 속에
아침 산책길에
아침 공원길에
개를 데리고 다니는
낯익은 그 거리에
당신은
당신은
언제나 언제나
화를 내는 일상 속에
성당에 기도하는 순간에
하다못해 극장 안 스크린에
독수리가 날아오르는 하늘에
당신은
당신은
어느 곳에 어느 곳에
와인을 마시는 잔에
향 속에도
포돗빛 그리움으로.

밤에 쓴 편지

너를 떠올리고 너를 마시는 밤
한 잔의 술을 마시며
별빛이 찬란한 밤의 노래
어둠이 밀려오고
세월이 밀려가는
창가에서
하이얀 백지에 그리는 꿈
슬프도록 아름다운 너의 눈빛
가슴에 잔잔히 부서지며
꿈의 날개는
밤하늘로 날아가
별과 함께 반짝인다
너를 떠올리고 너를 마시는 밤
한 잔의 술을 마시며
빛나는 고독 속에
너를 하이얀 백지에 그리는 밤
슬프도록 아름다운 너의 눈빛
밤의 창가에
잔잔히 다가오는 고독의 꿈
너를 그리는 마음은
흰 백지 위에
별을 새기는 꿈의 노래
살며시 안기는
밤의 노을 같은 그리움
너에게 보낸다
작은 손길로 쓰여진
백지의 노래를.

생(生)은 무지개인가?

삶의 가지마다 피어난 인과의 열매
그 꿈으로 눈 내리는 설원에 핀
한 그루 나무에 열린 꿈의 무지개
인생은 가도 가도 보이지 않는
고독한 찬 바람 부는 길
쓸쓸히 혼자
풀잎이 흔들리는 대지를 바라본다
나뭇가지에는 저마다의
작은 소망이 달려있다
기다림의 자세는
벌판의 흔들리는 고독한 바위처럼
온몸으로 생의 비를 맞고
한낮의 태양 빛을 견뎌낸다
생이란 무엇인가?
헉헉대며 사막의 모래바람 속을
헤매이는 오르막길과도 같다
그래도 걷고 또 걸어간다
저 멀리에 빛나는
오색 영롱한 무지개가
작은 영혼에 빛나기 때문이다.

밤은 왜 오는가?

태양은
낮의 의미를 뜨겁게 뜨겁게
일깨운다
대지의 곡식과 열매를 무르익게
하며 신의 뜻을 따른다
계절의 한낮이여
땀과 햇살의 노래여
석양이 지며
어둠과 오는 밤의 의미는
누구에게 있는가?
기다리는 자
기다리는 자
누구인가
서늘한 어둠의 기운이 내리며
해의 시계가 저물면
그대들이여
창가에 피어나는 별의 소망
떠 있는 얼굴 얼굴이
나타난다
그리운 이의
이마
눈빛
입술
이 밤 속에 새겨지며 마음속에 담긴다
너를 만날 수 있을까?
너에게 키스할 수 있을까?
가슴에 기대어

장미의 세월

고백해 볼 수 있을까?
모든 소망 일깨우는 밤
찬 이슬로
내려앉는 어둠의 의미
영혼의 편지
써 내려가는
너에게
보내는
소망
꿈
밤의 의미.

너를 만나는 날

언젠가는
언젠가는
가도 가도 끝이 없는 길 속에서
어느 날 우연히
내 삶의 길목에서
불쑥
너가 나타난다면
꿈꾸던 삶이 현실로 변해
푸른 하늘에
맑은 하늘빛 같은
너를 만나면
흐리던 비가 내리던 날에
우산 속에 너를 만나면
태양이 미소 짓고

꽃이 활짝 웃겠지
가도 가도 끝없는 안개 세상에
어느 날 우연히
너를 만나면
지친 내 발걸음에
아름다운 동행이 되겠지
아직은
꿈이지만 너를 생각해
어느 날 불쑥
너를 만나는 날
내 꿈의 꽃밭이 활짝
웃으며 피어나겠지.

다정한 속삭임

노래가
춤을 추는 밤
이것은
당신이 가장
믿는
신의 언약
세상의
슬픔
고통
가난이
당신을
힘들게 할 때
분명한
분명한

장미의 세월

약속
신은
그대에게
슬픔 고통 가난을
당신 삶의
가장
빛나는
보석으로
치장하기 위해
마련한
아름다운 시간
그대
당신
한밤의 고뇌를
당신의 한숨을
알고 계시다 신은
걱정하지 말라
근심하지 말라
추억의
진주 목걸이는
당신의
힘든 때에
응결된 시간들
눈물
눈물
알알이 맺힌
그대의
순결한
마음
알고 계시다 신은.

한여름의 시월

파란 하늘은
가을의 노래
가을의 기도
가을의 향기
끝나지 않는 시간의 향연
하늘과 땅의 결실이 열리고
온 대지는
그 빛에 새로운 옷을 입는다
지금은 여름
이 더위가 가시면
어느덧
바람이 불어와 지난가을을
세월 앞에 던진다
탄생과 죽음의
얼룩진 나무들이 서 있고
꿈꾸는 사람은
더 넓은 세상으로 나가기 위해
준비를 한다
지금은 여름
땀을 뻘뻘 흘리는 따가운 더위가
우리 마음을 적셔도
시월의 바람은 불어오리라
우리에게
새로운 생명의 기쁨을 던지며
신비한 결실의 열매들이
주렁주렁 우리 앞에 놓여있다
작은 기도는

장미의 세월

여름날의 소망으로 시월의
아침과 밤을 맞는다
이제는 오리라
신의 시간 앞에
낙엽이 떨어지는 계절의
자태는 우리 모두에게
안도의 마음을 주며
밤의 꿈들은
새로운 내일을 맞게 하리라
여름에 꿈꾸는
시월의 푸른 하늘을.

어느 꿈속의 카페에서

비 오는 날의 카페
그 유리창으로
빗물이 주르륵 흘러내릴 때
커피의 향기는 피어오르고
지나간 낭만의 시간이
낙엽처럼 떨어지며
하루에 어둠이 내린다
신비한 꿈을 꾼다
카페에는
아무도 없고
오직 그녀만이
고요히 앉아 누군가를 기다린다
시계는 똑딱이고
창밖에는 흰 눈이 내린다

음악이 흐른다
꿈속 같은 미소 띤 음악이
사랑을 유혹한다
카페에는 고향을 잃은 어떤 마음이
탁자에서 이국의 밤하늘을 꿈꾼다
사라진 별들이 춤추는 그곳
카페에는 흰 눈이 별빛으로
내려앉아 조용히 빛난다
카페에는 사랑이 머물고
그녀의 눈에는
꿈의 별이 빛난다
카페에는 사랑 없는 사랑의
노트에는
어느 시인이 쓴
연애편지가 놓여있다
꿈속이기에
꿈의 날개를 달고 편지는
멀리 있는 그리운 이에게
날개 단 편지가 날아간다
카페에는
커피잔에서
향기가 속삭이며
꿈속의 작은 노래를 한다.

너를 보았을 때

장미의 세월

어느 날
아주 우연히
너를 길가에서 보았지
너는 아름다운 향기였지
혹은 달콤한 케이크와 아이스크림
나는 너를 맛보고 싶었지!
너의 손을 잡고
어느 가로수 길을 아주 오래 걷고 싶었지!
아마 그러면
행복이 하늘에서 눈송이로 빛나며
우리 머리 위에 내리겠지
어느 날
아주 우연히
너를 길가에서 보았지
마음은 심하게 고동치고
푸른 바다에 떠 있는 배처럼
파도에 흔들리며
거리에 서서 당황했지!
너에게 말하고 싶었지만
말할 용기가 나지 않았지!
아주 잠깐 너를 보았지만 꿈속에만
나타나는 너는 천사였지
머리 위에 해는 빛나고
오후의 시간은 향기로 번지며
나는 너를 사랑했지!
아주 잠깐 보았지만
그 시간의 여운은 나를 깊은

마음의 호수에 빠지게 하고
너는 천천히 걸어갔지
어느 날
아주 우연히.

겨울에 흐르는 강

삶의 뙤약볕 속을 걸어가는 인생
눈앞에 보이는 무수한 거친 장막이
내 앞에 눈송이로 내린다
안개처럼 흐린 세상을
나는 겨울 강처럼 흐른다
냉랭히 부는 바람 앞에서 입을 꼭 다물고
언덕을 향해 걸어간다
긴 강이 얼음으로 변해갈 때
추위에 견디지 못하는
흐르는 물은
딱딱히 굳어가며 침묵으로만 말한다
내면의 겨울 강물은 안으로만
속삭이며 이 뙤약볕 속의 한 세상이
불과 얼음인지를 바람에게 속삭인다
묵묵히 견디며
겨울 강은 머나먼 곳을 향해 간다
사막의 겨울은
거친 모래바람으로 씻겨가고
도시의 서정은 물드는 가을 감성의
노래가 떠돌이 고양이처럼
눈치를 보며 울고 있다

장미의 세월

겨울 강에는
지난 아픔의 추억들이
파도의 물결처럼 반짝이는 생의 비애의
별들이 밤하늘에서 추락한다
차가운 바람 속에 겨울 강은
따스한 모닥불의 불꽃이 정답게.

그대와 나

우리 이제 만나요
파란 하늘 밑에서 만나요
아름다운 이 세상에
당신을 떠나보낼 수 없습니다
그대 눈가의 촉촉한 미소는
한없는 내일에 의미
손을 잡고 걸어볼까요
떠도는 구름처럼
이 세상을 산책하며 걸어봅시다
다정하게 손잡고
미지의 시간을 사뿐히 밟으며
꽃들의 노래도 들리는
벌판에서 눈을 감고 들어보아요
그대는 아름다운 사람
노래 없는 노래로
그림 없는 그림으로
보이지 않는 사랑으로
이 세상을 물들이고 싶어요
나,

그대의 아름다움에 취해
햇빛이 쏟아지는
대지의 땀방울 흘리며
이 세상 끝까지 그대와 걸어가겠습니다
노을은 종소리처럼 번지며
땅 위에 그림자는 사색으로
가을날의 낙엽의 한숨을 쉽니다
그대와의 한 걸음 한 걸음으로
벤치는 붉게 타오릅니다.

달은 생각을 할까?

밝은 미소는
뉴욕에서도
파리에서도
런던에서도
밝은 저 빛은
서울에서도
동경에서도
북경에서도
밝은 사랑은
사막에서도
북극에서도
정글에서도
천년 후에도
만 년 후에도
억 년 후에도
세상을

장미의 세월

온통
기적으로
사랑으로
아름답게 아름답게
남자를
여자를
황홀하게 한다
생명이
생명이
있기 위해선
저 광선이
햇빛과 함께
인간에게
내리 쬐어야한다
큰마음
큰 생각으로
하늘에 떠
낮과 밤의
뜻과
의미를
써늘한
여운을 주는가?
생각을 주는가?
달은.

축제의 밤

별이 소곤소곤하는
밤에
관뚜껑 열고 시체들은 일어난다
해골과 뼈다귀만 있는 몰골로
창문이 열리고
별빛이 들어와
커튼을 휘날릴 때
시체들의 무도회는 시작된다
음악은 추억과 회한의 꽃병에서 흘러나온다
삐그덕 삐그덕
뼈마디 부딪치는 소리를 내며
고통과 신음의 술을 마시면서 춤을 춘다
남자 여자 지난날 아파하며
슬픔의 축배를 든다
멀리서 늑대의 울음소리 울려 퍼진다
만월의 달 빛난다
먹고 마시고 춤춘다
뚝뚝 흘리는 눈물을 진주인 양
머나먼 시절의 옛 기억들이
시체들은 고통스럽다
음악이 광란할 때
시체들은 회한과 추억의 제 살을 뜯어 먹으며
다시 오지 못하는 순간들을 마셔버린다
사랑이여
지난날들이여
아픔의 시계 종이 울리면
미치게 마시고

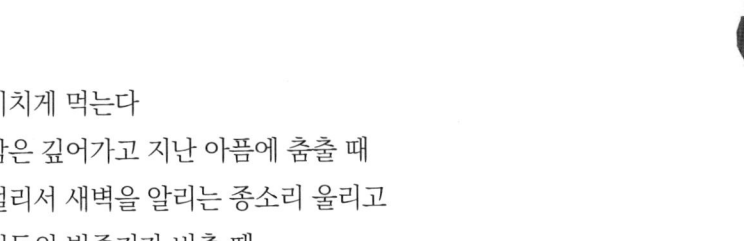

장미의 세월

미치게 먹는다
밤은 깊어가고 지난 아픔에 춤출 때
멀리서 새벽을 알리는 종소리 울리고
먼동의 빛줄기가 비출 때
시체들은 한 줌의 가루로 변하여
관을 향해 사라진다
추억과 함께 사라지는
옛 상처와 아픔만이
관뚜껑 위에는
상징으로 불타오른다.

아름다운 밤

여름밤은 별빛 눈동자로 빛난다
까만 커튼이
세상에 처지면
멀리 있는 그대가 떠오른다
무엇을 하고 있을까?
한 여름밤의 더위 속에
어떤 고민을 하고 있을까?
아직 오지 않은 꿈들을
가슴에 품고
정원에 앉아 무슨 생각을 할까?
마음에 희망의 미래를 품고
어둠이 미소 짓는
그 탁자에 앉아
손을 턱에 괴고 긴 머리카락을
매만지며

고민하는 그대여
밤이 있어 아름다운 시절
가만히 주변을 맴도는 별의 운행에
그대의 운명도 별과 함께 빛난다
손에 들린 책 한 권도
아마 사랑의 시집이리라
꿈에 빛나는 아름다운 밤.

여름비가 내린다

비는 내리고
비에 젖은 마음은
한 장의 고백 같은 쓸쓸한 비로 내린다
가까이 갈 수 없는 세월의 흔적은
작은 상처이고
알 수 없는 고요한 빈방 같은 텅 빈 들판이다
이 비는 어디서 오는 걸까?
비의 향기는
여름을 물들이고 작은 꽃잎 위에
슬픔을 물들이며
흐리게 쓰리게 내린다
꽃병 위에도 빗방울은
작은 그림자처럼 다가간다
어두운 골목길에도 비는 내린다
마음을 두드리는 소리는
여름의 독백처럼
빈 무대의 정적으로 울려 퍼진다
내려라. 여름비야

쓸고 갈 모두 것을 울먹이게 하고
세상 끝으로 흘러가다오
여름비의 갈증은
더운 열기를 가라앉히고
조용히 고요하게
내 뜰에 마음을 적시며
소리 높게 비는 내린다
그 허탈한 빈 정적의 노래로 내린다.

행복(幸福)

알 수 없는 무지개를 추구하는 일
과연 꿈 없이 가능한 일인가?
어디를 향해 가는가?
미지의 길을
뚜벅뚜벅 걸어간다
세상이란 벌판에 버려진 채
아픈 가슴을 부여잡고
헉헉거리고
십자가를 지고 걸어가는 길
어디엔가 있다는 무지개
사랑인가
사랑인가
보이지 않는 사랑을 어디에서 찾는가?
낯선 고장을 향해
걸음을 옮긴다
새로운 타향의 정서가 반갑다
모르는 사람들

거기에도 다소곳한 인생이 숨 쉬고
살아가는 사람들이 있다
나의 행복을 알 수 없기에
타인들의 웃음에 따라 웃는다
눈앞만 보고 살라는 조언도 있다
그저 허허벌판이다
싸늘한 도시의 네온이
피부를 뚫고 찬바람이 인다
가야 할 곳은 무지개이지만
이 세상 어디에도 무지개는
없다는 현실만이
생의 무게를 더한다.

별이 빛날 때까지

어느 날 당신을 보았지
나는 신문을 보는 척하며
너의 화장 없는 얼굴에서
어떤 슬픔이 묻어있는 너의 얼굴
나의 가슴은 너의 슬픔을
주렁주렁한 과일 따듯이
내 마음에 담았지
나의 다락방에는 언제나 별이 뜨지
별빛을 잉크 삼아
나는 너의 슬픔을 글로 쓰지
아주 오랫동안 쌓여온
너의 아름다운 얼굴 속에 슬픔을
나의 이 밤도

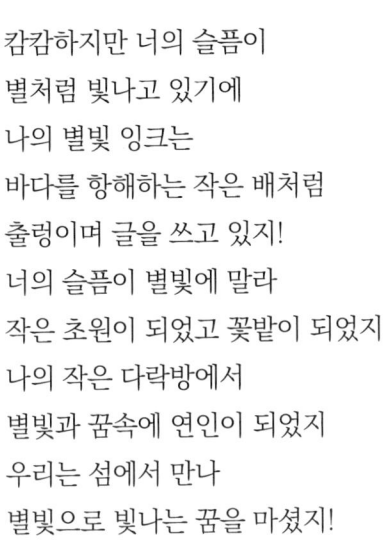

장미의 세월

캄캄하지만 너의 슬픔이
별처럼 빛나고 있기에
나의 별빛 잉크는
바다를 항해하는 작은 배처럼
출렁이며 글을 쓰고 있지!
너의 슬픔이 별빛에 말라
작은 초원이 되었고 꽃밭이 되었지
나의 작은 다락방에서
별빛과 꿈속에 연인이 되었지
우리는 섬에서 만나
별빛으로 빛나는 꿈을 마셨지!
언제나
슬픔은 하늘로 올라가
빛나는 별이기 때문에.

가을 나그네의 편지

그대의 눈빛에
슬픔이 젖어 흐를 때
바람 부는 나뭇잎처럼
내 마음도 흔들린다
세상엔 다양한 강물이 흐르고
그 위에 떠가는 사연은 사연처럼
다르고 나는 한 장의 편지를
들고 그대 문 앞에서 노크를 하지 못하고 서성인다
아주 늦은 밤까지 달이 뜨고
그대 창가에 그림자 비출 때
나는 홀로 한숨 쉬며

낡은 외투에 편지를 넣고
바람 따라 떠나간다
부르지 않을 내 이름은 작은 인형의 눈물처럼
반짝 빛나고 달빛은 그런 나를 사랑한다
겨울이 오기 전에 가을 나그네는
구두에 꿈의 노래를 담고
저벅저벅 밤길을 흐르고 흘러간다
긴 세월이 지나 그대 문 앞에
어떤 꽃다발이 놓이면
내 마지막 편지의 장미 한 송이처럼
마음을 담은 고백이었다고
말해주기를
빗방울처럼 내리는 처마 밑에
어느 나그네의 담배 연기가
마음에 노랫가락처럼 피어오른다
저녁놀 술빛으로
한 자 한 자 쓰여진 마음의 향기들.

너의 계절은 지고 있다

눈감으면 떠오르는
너의 얼굴
그 눈빛과 오똑한 콧날에
고운 향기가 날 선다
눈에서는 하얀 눈이
세상 끝에서부터 내리고
입술의 입김으로
찬 대지를 녹이는 나무 하나가 웃고 있다
목에서 흐르는 전율은
떨고 있는 첼로의 선율처럼
밤을 흔들고 커튼을 바람에 날리게 한다
손과 팔에서
먼 북국과 남국의 이별편지가 날아오고
머리칼에서 부는 바람은
치마를 날리며
쨍쨍한 태양 빛을 녹인다
계절은 흐르는 시간에 꽃잎으로 휘날리고
한겨울 지붕 위에 쌓인 눈처럼
한 폭의 도화지 위에
서툰 그림이
꼬마들의 눈사람처럼 개와 고양이들의 미소 속에
피어난다
여름은 눈부시지만 멀리서 찬 바람이
너의 마음을 적시며
이 계절의 지는 슬픔을
악기의 눈물로 흐른다
너의 눈은 먼바다를 향하고

장미의 세월

나는 너의 어깨 위에
눈빛을 여린 손처럼 얹는다
구름이 우수수 떨어지며 가는 세월을 흔든다.

음악

바람에 나뭇잎 흔들림
소나기 내려 대지와 입맞춤
소리 없는 눈의 휘날림
잎새에 이슬 맺힘
붉은 노을의 부끄러움
개울의 흐르는 표정
고양이가 졸고 있는 포즈
가을의 귀뚜라미
태양의 오페라
달빛의 소나타
파도의 침묵
태풍의 심술
주렁주렁
과일의 자태
밤의 정막
사막의 고독
뚜뚜 타전하는
별빛들
호수의 신비
이 모든 음표들
그대의 눈빛도.

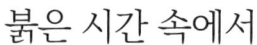

붉은 시간 속에서

장미의 세월

지나간 시간의 술에 취해
비틀거리며 살아왔네
시간의
그 향기
그 추억
그 꿈들
지금까지 헉헉거리며
밤 깊은 거리에서
흰 눈이 내리던 날
가로등 밑에
앉아서
먼동이 뿌옇게 밝아오는 거리에서
인생은 무슨 말을 하던가?
시간의 술이 익어갈 때
친구에게 애인에게
뜻 있는 눈빛으로
무엇을 말했던가?
시간의 취해서 살아왔다
골목길의 정취가 그 텅 빈 소음의 차 소리
엉망인 펜을 들고
하이얀 백지에 눈송이 같은 시를 적으며
술로 글을 썼다네
눈물 같은 술 빛 같은 그리움으로
그대를 적으며
시간의 향을 적어간다네
붉은 시간의 술처럼.

시간의 종소리가 울릴 때

철 지난 태양의 미소는
호수 위에 찰랑거린다
눈을 감고
시간의 울림이 긴 여운으로
내 가슴을 칠 때
그대의 눈빛과 미소는
종소리처럼 번져나간다
사랑했던 지난날들의 꿈들이여
이제 시간 앞에 무릎을 꿇고
하늘의 텅 빈 공허만이
우리의 식탁을 가득 채운다
지난날 성찬이었던 청춘은
방울 소리 울리며
도시의 거리를 걸었었다
비가 내려도
눈이 내려도
밤이 내려도
거리거리마다에 작은 소음들이
음악처럼 달콤했고
당신의 눈빛은 눈송이처럼
하얀 감촉으로 하늘에서 휘날렸다
이제 종소리가 울릴 시간이다
시간은 서둘러
계절을 바꾸고 숨어있던 나뭇잎은
자신의 옷을 입는다
불어오는 바람에 떨어지는 낙엽들
고요한 기도의 시간이

장미의 세월

강물의 숨소리처럼 흐르고
두 손을 모우고
아이들의 미래를 축복한다
시간의 종소리는 멀리 넓게
시간의 바다로 울려 퍼지고
너와 나의 사랑도
꿈결처럼 파도로 인생의 벽을 친다
인생의 종을 울리는 시간들.

부는 바람의 세월

태양 빛 가득한 시간의 웃음
그 끝자리에 우리의 마음은
무더운 여름의 향기를
온몸에 뿌리고 달린다
불어오는 날들의 지독한 추위 앞에
지친 날들의 고독은 안개의 포말로
부서지며 항만의 바닷가로 바람처럼 떠난다
구름은 흘러가고 우리들의 삶에 짐 지워진
독한 외로움이 살아가는 세월의 어깨 위에서
마음의 비애의 눈물을 흘리고
당긴 활처럼 허공의 과녁에 장미처럼 꽂힌다
불어오는 이 시간의 세월 앞에
흰머리는 나태했던 시간들에 고민의 미소처럼
쓰게 쓰게 그 독배를 마실 뿐이다
진실한 사랑은 가을의 강물처럼
떠나간 배들의 여유와 낭만을 가지고
한 인생을 뒤덮는다

한 인생이 가고 또 다음 인생은
세월을 낚시하며
싱싱한 계절의 잉어를 낚는다
부는 바람만이 꿈을 잉태하고
나뭇잎의 살랑거림이
한 계절의 태양처럼
그늘을 그리워하며 신의 주사위에
운명의 시계를 맞춘다
모든 세월은
불어오는 바람 앞에 흐느낀다.

너라는 환상

너를 처음 본 순간
미지의 대륙
미지의 바다
미지의 세계
안개 속에 잠긴 섬
태풍의 고요한 꿈
인어들의 산호초
마약의 화산불
감각의 제국
로마
모든 길은 환상으로 통한다
이국의 다이아몬드
표현할 수 없는 느낌
의문들 수 없는 질문
그래

장미의 세월

수수께끼
마술 램프
눈의 이미지의 눈사태
알 수 없는 운명의 화살
콜럼버스의 달걀
알렉산더의 칼
만리장성의 벽
사막의 달
펭귄의 걸음
디즈니랜드
뉴욕과 알타미라동굴벽화
플레이보이지 여자
심장의 엔진
헬리콥터
너를 처음 본 순간
우주로의 여행
사랑의 핵폭탄
표현할 수 없는 너
환상.

겨울에

찬 바람 부는 날
찬 바람에
세상이 꽁꽁 얼어붙은 날
너에게
따스한 햇빛
따스한 외투
따스한 난로
따스한 해변
이 되리
너도
나에게
진정
내 지친 삶
내 거친 삶
내 아픈 삶
달빛으로
달빛으로
내
초라한
창
방안에
기쁨으로
희망으로
기적으로
비춰줄 수 없겠니?
한 번도 느껴본 적 없는
신비한 의자

장미의 세월

신비한 방안
신비한 나라로
나를 초대해 주지 않겠니?
우린 서로를 몰라도
우린 누군지 몰라도
눈 내리는
어둠 속
가로등
불빛
그 작은 빛으로
사랑할 수 없겠니?
우리
하나가 되어
세상의 풍파와
세상의 어둠과
싸워서
싸워서
고난 속에서도
노래하고
어깨 치며
격려하며
우정 혹은
사랑
사랑으로
피어나자
피어나자
이 세상 희망의 꽃이여!

가득 찬 인생

생은 가볍지가 않다
시간이 갈수록
세월이 갈수록
하루하루가 더욱 무거워지는
긴 여정의 발걸음
모든 짐을 내려놓고 가려 해도
결코 떨어지지 않는 고뇌의 짐들
가난한 집의 전등불이
그리워라
그 안에 옹기종기 살아가는 사람들
걷다가 구수한 냄새가 나면
지친 발걸음을 멈추고
허기의 뱃속에는
기름진 욕망이 가득하여
나를 더욱 무겁게 한다네
살아온 시간 속에
덕지덕지 묻은 때처럼
나의 철없던 욕망의 기억들이
흰 이빨을 드러내며
나에게 쓰리게 웃네
아직 먼 길을 더 가야 한다네
무거운 마음에
먼 산을 바라보며 지는 해 속에
날아가는 새 한 마리처럼
나도 훌훌 벗어던지고
아직 긴 여정을 걸어가고 싶다네
어느 날인가?

장미의 세월

나를 돌아보며
추하게 변한 내 얼굴에서
가벼운 웃음꽃이
피어났으면 하네.

여행의 날개

우리 여행을 떠나요
목적지를 향해
현실의 고장
기차로
자동차로
비행기로
돛단배로
아니면
우리 이런 여행은 어때요
날개를 달아요
훨훨 날아서 가요
미지의 나라
미지의 세게
동양과 서양
미의 조화
분위기
그 그늘
그 내음
그곳은
당신과 나
둘만이 볼 수 있는 세상

기쁨이 흐르는 강
쾌락의 계곡
꿈이 펼쳐진 해변
향기의 안개
눈 한 송이
떨며
내리고
당신은
한 번도 본 적 없고 들은 적 없는
이국의 골목길
그 미로를 따라가면
알 수 없는 꽃들의 나라
우리 취합시다
상상의
구름
바람
돌
이 모든 게 당신과 나
둘만의
시간
황금빛 열매들
마시면 젊어지는
감로주
당신은
어린 소녀로
나는 어린 소년으로
꿈의
소나기 맞으며 길을 걸어갑시다
모든 게 희망
모든 게 사랑

장미의 세월

모든 게 추억의 향기로 담아
술을 만들어
현실이
답답할 때
피곤할 때
짜증 날 때
예쁜 병에 담긴
술을 마셔요
취해요
우린
늘 미지의 나라
늘 미지의 세계
아름다움
신비함
쾌락
행복
꿈.

그대를 그리워하며

더운 공기가 방안에 가득하다
문득 너의 눈빛 떠올리면
써늘한 바람이 내 몸을 감싼다
이렇게 뜨거운 날이면
너에게 가고 싶다
한가을의 파란 하늘빛 물드는
너의 정감의 눈빛 속으로
나는 너에게 가고 싶다
고독의 그림자에게

위로에 손을 건네며
지금 어딘가에
시원한 바람을 타고 오고 있는
너에게 작은 꽃을 바친다
땀방울 알알이 맺히는 여름에
하늘에 태양으로 타오르는
낮의 의미는 하이얀 달의
미소로 밤을 물들이는 찬 공기들
아마도 그리움의 태양은
너의 생생한 이미지로 차갑게 식는다
마음의 밤은 너로 빛나고
둥그런 얼음 같은 너의 눈빛 속에
이 여름의 의미는 깊어진다
붉게 타오르는 계절의 의미는
너의 써늘한 눈빛을 담고 있기 때문이다.

술 장미 여름

어둠에 깃든 무더위
습습한 공간의 향기
한잔하면서
너를 생각한다
너는 누구니
너는 뭐하니
너는 나이가……
이런저런 의문투성이
왜 이리 가슴이 무거울까?
비는 내리고
내 마음 울고

장미의 세월

왜 이리 답답할까?
개구리 울음소리
온통 가득하고
취하지는 않고
너를 생각한다
너는 이방인
너는 외계인
너는 무언극
이 더위만큼 타는 가슴
비는 내리고
술을 마셔도
어둠에 깃든 의혹이
내 속을 태운다
너는 누구니?

여름의 빛깔

밤하늘의 어둠은 빛나고
한낮의 태양은
눈꽃같이 뜨거운 빛으로 가득하다
불어오는 바람은 차갑고
녹아있는 대지의 사물들은
고독과 사색으로
땀을 흘리며 슬픈 한 잔의 술을
마음에 붓고 시리게 웃는다
말 없는 고요의 정원에
가득 담기는 햇빛
알 수 없는 그 향기의 색채는
쓸쓸한 방안의 정적을

환한 빛으로 채운다
떠나자
기차를 타고
푸른 바다가 있는 곳
거기서
섬으로 외로운 눈물의 빛이
바람과 혼자 놀고 있다
멀리 고깃배가
한가한 푸른색 도화지 위에 떠 있다
차가운 여름날의 이미지로.

그녀

좋은 걸 어떡해!
좋은 걸 어떻해!
그대 혹은
당신
달밤에
생각합니다
떠올립니다
상상합니다
그 모습
그 눈동자
그 코 입술
그 몸매를
머리에서 발끝까지
당신을 휘감고 있는
향기

장미의 세월

의상
분위기
액세서리
현실 속에 모습을 어떨까?
만날 수 있을까?
만나자고 했다고
혼나는 것은 아닐까?
담배 피우는 남자 좋아할까?
술은 마시나?
아마 안 만나 줄 거야
난 나이가 많으니까
근데
나이도 국경도 없다는 소리는
뭘까?
실천했다가 개망신당하면……
괜히
쪽팔림 당하지 말고
정신 차려야지
정신 차려야지
시 같지도 않은 시 쓰면서
나잇값 못한다는 소리 듣기 싫어
정말 싫어
난 고독한 사막의
산초
하지만
하지만
그녀가
좋은 걸 어떻해!
좋은 걸 어떻해!

가을 이미지

파아란 하늘에
소리개 한 마리
언덕 위에
감나무
땡감들이
주렁주렁
맑은 공기
마당에서
바라보네

가을빛을.

그리움

그대는 정말 멀리 있네요
멀어서 아름다운 건가요
깜깜한 밤 빛나는 별과 있네요
멀리 있는 그대여
우린 떨어져 있지 않아요
나 항상 당신 곁에 있어요
내 마음 당신 향해 있어요
그대는 정말 멀리 있네요
그대는 멀어서 아름다운 건가요
한 발자국씩 우리 서로 가까이 다가가요
세상이 조금조금 아름다워져요
멀리 있는 그대여

멀어서 아름다운 건가요
멀어서 아름다운 건가요
우린 정말 가까이 있네요
내 마음이 항상 그대 곁에 있어요.

장미의 세월

살아왔습니다

어떻게 살았는지 모르겠습니다
때론 웃었고
때론 울었고
때론 슬프게 아프게 살았습니다
여자도 만났습니다
편지도 썼습니다
약속 장소에서 기다렸습니다
비가 내렸습니다
눈이 내렸습니다
바람이 불었습니다
떨어진 낙엽을 따라 걸었습니다
길고 긴 날들을
이렇게 저렇게 살았습니다
해가 쟁쟁 내리쬐는
땡볕의 세월을
목마름의 세월을 살아왔습니다
살아왔고
살아갈 겁니다
때론 웃고
때론 울고
때론 기쁘게 살아갈 겁니다

슬픈 시간들의 손을 꼭 잡고.

하루하루

매일 아침에 일어나
하루에 시작을 합니다
밤새 잠 속에서 꿈을 꿉니다
정확히 기억나지 않는 꿈들
아마 꿈속의 방황이리라
꿈의 연장 속에서 나의 하루는
시작된다
식사를 하고
산책을 하고
이 책 저 책 뒤적이다가
오늘 하루도 다 갔네 하면서
그리고 다시 잠을 잡니다
이게 내 하루입니다
물론 시도 쓰고
미래를 구상도 합니다
그러면서
하루하루를 살아갑니다
늘 마음속에 당신을 꿈꾸면서.

바라지 않기에 꿈꾼다

흐르는 강물에 꿈을 던진다
불어오는 바람에 꿈을 날려 버린다
내리는 빗물에 꿈을 쓸려 보낸다

내가 평생 원했던 모든 것을
내가 평생 원했던 모든 욕망을
빛나는 별의 무덤에 묻어버린다

원하지 말고
바라지 말고
생각도 말라
내 안에 당신도
내 안에 그대도
사랑해선 안 된다

주머니를 털어버리듯이 비워버려라
그리하여 바라던 모든 것이
사라졌을 때

꿈꾸던 모든 것이 사라졌을 때
먼 산 위에 달이 떠 오르듯
환한 빛으로
내 곁에 꿈꾸던 꿈들이
찾아올 것이다

바라지 않고 원하지 않기에.

꿈의 조각보

세상의 버려진 꿈들
넝마로 여겨진 꿈들
사라져 버린 이 땅의 꿈들
가을 낙엽처럼 떨어진 꿈들
거리에 아무도 줍지 않는 꿈들

우수수
우수수
꿈들이 내리네

작은 가슴의 바늘로
못 쓰는
한숨 나오는
눈물로 흐르는
꿈들

모아서 환상의 조각보 만든다

눈물방울
상처 자국
고독의 텅 빈 마음
이리저리 엮어서

병든 세상
꿈으로 덮는
환상의 조각보 만들겠다
이 세상의 버려진 꿈들로

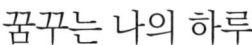

꿈꾸는 나의 하루

행복이란 무엇일까?
이런 생각을 하며
또 하루를 보낸다
마음의 어떤 자세일까?
비 내리는 날
우연히 걷다가
당신이 그곳에 우산을 쓰고 있을 때
텅 빈 공중전화 박스에서
누군가에게
문득 어디론가 전화를 하고 싶을 때
바람 부는 날
흰 빨래가 펄럭일 때
깨어지고 싶지 않은 느낌
순간적으로 느끼는 감정의 탄성
푸른 하늘에 한 점 구름의 눈짓
나는 행복한가?
이런 의문이 들지만
나는 불행하기에 행복하다는
꿈의 동경이
이편에서 저편에 대한 그리움이
나를 행복하게 한다
아마 꿈꾸는
마음의 찬란한 날갯짓
그 미소
그 눈빛.

길 잃은 나의 길

청춘 시절 나는 헤매고 다녔다
꿈은 컸으나
바람에 흔들렸고
여름 햇살에 타들어 가고
비에 젖어 쓸쓸히
골목길을 걸어가는 좌절의 시간
나는 밤하늘을 바라보았고
보이지 않는 별빛에
혼자 고독하게 술을 마셨다
길 없는 길 속에서
휘청이며
갈대의 숲에서 눈물을 흘렸다
아, 청춘이란
감탄사가 나올 시절이었다
절망의 찬가는
내 꿈을 뭉개고 울려 퍼졌다
나는 지금도 길 위에 있다
정확한 방향 표시 없는
시계를 보며
초조하게 기다리는 인생의 역
기차는 오지 않고
아이스크림은 녹아내리고
햇빛은 뜨겁다
아주 오래전 일이었지만
그때나 지금이나
나는 서성이며
당신이란 역에 가기 위해
철 지난 기차표를 들고

열차를 기다린다
나의 길을 가기 위해서.

장미의 세월

어느 날 갑자기

흐르는 구름처럼
훌쩍 어디로 떠나고 싶다
유럽의 한 시골 마을에
아무 생각 없이
그 부드러운 정경을 보며
한가롭고 싶다
지금 나를 누르는 어떤 무게에서
벗어나 떠나고 싶다
이탈리아 폼페이 유적을 보며
역사의 무상함을 느꼈었다
이렇게 너무도
어느 날 갑자기
화산 폭발로 인해
한 도시가 그냥 사라지는
그 광경
그렇다
어느 날 갑자기
우리가 사는 이 현재도
그렇게 파묻혀서
영원히 사라질 수도 있다
역사의 허망함과
인류의 허망함이
어느 날 갑자기
찾아온다면

누가 이 지구에 찾아와
묻힌 더미 속에
인류를 바라볼 것인가?
그렇다
어느 날 갑자기.

지금 당신의 당신

당신은
파리에 있다
센강을 바라보며 현재의 옛날에 있다
꿈꾸면서 추억의 갈매기들을 상상한다
당신은
뉴욕에 있다
담배를 피우며 맨해튼과 대화한다
자유의 여신상이 과연 자유와 무슨 관계가 있나 상상한다
당신은
베를린에 있다
베를린 장벽은 왜 무너졌나 생각하며 남과 북을 상상한다
당신은
마드리드에 있다
피카소박물관에서 피카소의 포르노 그림과
연애를 상상한다
당신은
인도 갠지스강 가에 있다
인도 장례의 화장을 보며 강에 띄우는 시체를 보며
인간 생로병사의 환희의 고뇌를 상상한다
당신은

장미의 세월

로마에 있다
황제의 학정과 아타콤의 비밀집회를 상상한다
당신은
동경에 있다
휘황한 네온사인 속에 선술집에서 사케를 마신다
가와바다 야스나리가 노벨상을 받고 왜 자살했는지
상상한다
당신은
북경에 있다
자금성의 거대함과 초라한 중국 역사를 페친덕을
먹으며 상상한다
당신은
화성 영어로 마아스에 있다
당신은 거기서 지구인은 왜 저리 어리석은지
혀를 차며 쯧쯧거리고 한심하다고 고민하고 상상한다
당신은
판문점에 있다
남과 북미와 중국 일본 러시아 모두 이곳에서
팔씨름으로 승부를 내야 한다고 상상한다
당신은
방 안에 있다
그 사람을 미워하다 그리워하다 비가 왜 이리
쓸쓸히 내리는지 한숨 지며 상상한다
당신은 지금
화장실에
앉아
있다
담배를 피며.

사랑 노래

바람을 타고 오는
너의 향기
너의 눈빛
너의 입술
마음에 영원한 울림의
종소리
너를 떠올리는 시간
향수병의 아름다운
이미지가 퍼진다
그래 너는
신선한 공기
관능의 열매
별들의 밀어
나는 말을 잃고
취한다
새벽의 장미여
온 대지가 깨어나
너의 꽃잎
내 마음에
피어난다
작은
생명의 꿈이여
춤추는 무희여
영원한 영혼의
안개성.

장미의 세월

미사리

그 눈 시린 백사장
수정 같은 강물
큰 나무가 녹음을 이루고
잉어보다 큰 붕어가
횟감으로 누워있다
친구들과 놀러 간
아카시아 길
바람의 향기
장난으로
낄낄대던
미사리.

여름의 맛

먹구름 일고
소나기 내린다
하늘은 맑고
공기는 훈훈하다
더위가 식고
세상은 쾌청하다
여름의 한낮.

당신의 당신2

당신은
평범 너무도 평범합니다
당신은
자신이
모차르트
피카소
찰리 채플린처럼
천재가 아니란 사실을 알고 있습니다
하지만
당신은
진짜 천재인 줄 모르고 있습니다
당신은
학교에서
영어
수학
과학
솔직히 못했습니다
솔직히 부정할 수 없습니다
하지만
당신은
생각해 보십시오
하루에 만화책을 삼백 권을 보고 읽었습니다
별처럼 많은
만화가들의 이름을 알고 있습니다
당신은
자신의 무 재주를 탄식합니다
자신의 현실감을 한탄합니다

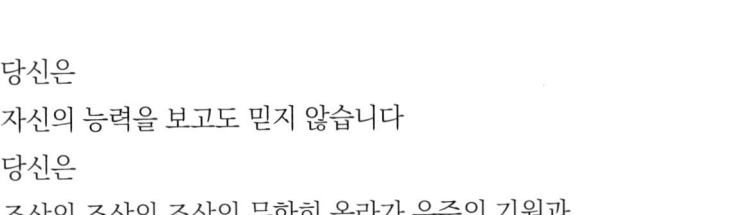

당신은
자신의 능력을 보고도 믿지 않습니다
당신은
조상의 조상의 조상의 무한히 올라가 우주의 기원과
만납니다
당신은
재능의 재능의 재능을 이어받아 오늘의 당신입니다
당신은
모두가 당신을 부정할 때 내면 깊숙이 있는 천재를
일으켜 세워야 합니다
당신은
유일하게 자신을 아는 유일한 사람입니다
당신은 지금
천재성을
발휘할
때.

당신의 당신 3

당신은
당신의 인연이 보통 일이 아닌 걸 아나요
당신은
불교에서 당신의 당신을 알게 된 억겁의 인연을 이럴 게
설명합니다
망망대해의 판자가 하나 있습니다
그 판자에는 구멍이 뚫려 있습니다
백 년에 한번 바닷속 깊이 있던 거북이가 떠오릅니다
망망대해에 떠다니는 판자의 구멍에 백 년에 한 번 바다 깊이

있던 거북이가 바다 위로 올라와 떠다니는 판자의 구멍에 목을
들이미는 데 성공할 가능성을 가지고 당신의 당신을 알게 된 것입니
다
당신은
이 어마어마한 인연의 끈을 우습게 가볍게 여겨서는 안 됩니다
당신은
준비가 되어 있나요. 기막힌 놀라운 기적의 섭리의 뜻
당신은,

별처럼 많은

밤
하늘
빛나는
별들 중에
별 하나가 나를 본다
꿈
세상
찬란한
꿈들 중에
꿈 하나를 나는 꾼다
너
세상
수많은
너 중에서
너 하나를 좋아한다
별처럼
꿈처럼

장미의 세월

너처럼
많고 많은 모든 것
그중에
너와 나
우리 만나서
우리 서로가
영원을
영원을
바라본다
별처럼.

가을에

단풍이 지고
낙엽이 떨어지면
나
그대에게
소식 전할게요
그대에게
편지할게요
푸른
하늘 자리
구름에
바람에
전하는 이 마음
실려 보낼게요
코스모스
하늘거리고

잠자리
날아다니는 계절에
그대에게
꽃 내음이
전하는 향기에 실어
이 마음 전할게요
여름에
여름에
무거운 더위
따가운 햇빛
축축한 빗물
우리
맑은
가을에
가을에
편지하고
공원
카페
어느 곳엔가
만나요
만나요
가을이 오면

아름다운 향기

한낮의 햇빛은 우리를
머나먼 시베리아의 눈 덮인 벌판으로
기차를 타고 상상의 시간으로 보낸다

장미의 세월

해의 노래와 빛의 향기는
작은 방에 은은히 퍼지며
작은 꽃병의 눈물이
아름답게 흘러내린다
새는 하늘을 날고
바다에는 어선이 가득
푸른 해안을 덮는다
돛은 서성이며
곧게 하늘을 향해 달린다
여름은 꿈꾸고
녹음의 숲에
사색의 연기를 내뿜는다
아무도 오지 않는
빈 창고의 고요만이
이 시절의 바람으로 불어온다
너의 향기를 타고
꽃잎의 노래로 밀려온다.

아름다운 향기 2

너의 눈빛은
잔잔히 밀려가는 비애의 눈물
눈을 감고
상상해봐
별이 반짝이며 아름답게 미소를 띤
바다의 향수를 꿈꿔봐
한숨과도 같은 세상의 노래가
날아가는 새들의 리듬으로

우리의 공허에 슬픔을
빗소리로 도닥거리고
거리에는 낡은 신문이
바람에 날려
어느 상점의 이마에 붙어서
모든 불빛의 의미를
언어의 노래로 재잘거린다
아, 향기 나는 이 세상
온갖 빛나는 사물들이
속삭이며 서로의 마음을
정답게 나누는
길거리의 향기들
걸어가는 신발들
바람에 날리는 추억들
창문에 흘러내리는 빗방울들
이 모두가
작은 의미들로 이 세상을
수놓고 투명한 수정처럼
작은 향기의 파도로
너의 꿈을 안아주는
이 밤
아름다운 세상의 꿈 빛들.

아름다운 향기 3

너의 눈빛 속에는
꿈
희망
동경

장미의 세월

사랑
모든 빛나는 날들에 대한
가득한 향기로
한 잔의 술처럼
독한 울림으로
작은 방안에 시계들을 깨운다
탁자는 햇빛으로
지난 기억들의 시간들을
추억의 방안을 가득 메운다
떠나가야 할 세월의 노래는
낯선 정거장에
황량함 속에 부는 바람이다
이제는 떠나야 할
다시는 돌아올 수 없는
꿈의 그림자들
너의 속삭임의 노래에는
벗어날 수 없는 족쇄의
지난 풍경들이
감옥의 죄수들처럼
웅크린 채
떠나간 너의 한숨의 노래를
되새긴다
아름다운 달빛이
창가에서 춤을 추며
떠도는 그리운 향기들을
향수병에 담아
그리운 이에게
고향편지로 부친다
그 언덕에 뜬

무지개를 가슴에 안고.
한여름의 상상

시인의
고독이 눈이 되어 내릴 때
더운 여름의 열기는
푹푹 내려앉기고
까만 밤의 달빛은 영롱하게
눈빛에 부딪혀
우수의 조각으로
조각난 유리창처럼
몸과 마음이 우수수 녹아내리고
슬픔의 안개가 눈앞에 어린다

시인의
고독이 눈이 되어 내릴 때
그대의 눈빛이
별처럼 부딪혀 세월에
노래를 부를 때
흘러간 시간들이 춤을 추고
새들이 하늘로 날아간다

시인의
고독이 눈이 되어 내릴 때
싸늘한 시대의 절망이 눈 녹듯이
노래를 부르며
다가오는 미래의 지난겨울의
난로처럼 훨훨 타오르며
따스한 온기로

시인의 펜을 적신다.
나른한 오후의 산책

막연한 나의 시간들
무엇을 해야 할지
도대체
알 수가 없어
마음에 품은 별들은 빛나지만
한갓 공상으로 끝나버리는 것은 아닐까?
답답한 일상의 시간 속에서
내가 꿈꾸는 일들은
현실과는 거리가 있어
푸른 바다의 파도를 타고
아주 먼 곳으로 가고 싶어
꿈만 꿀 수 있고
너만 생각할 수 있는 곳
사랑의 단꿈만이 있는 곳
그곳이 어딘지는 모르지만
지겨운 나날들에 대한
작은 모험을 하고 싶어
아주 한적한 공원에
너의 손을 잡고 걷고 싶어
카페에서 커피도 한잔하면서
서로의 꿈을 나누고
살아가야 미래를 은밀히 얘기는 하는 곳
파란 나무 잎새가 바람에 흔들리는 곳
밤이면
나른한 오후에 음악이 나를
일상의 사물들이 환상으로 변하는 곳에

나는 걷고 싶다
끝없이 펼쳐진 아주 긴 해안가를
푸른 파도가 숨 쉬는 곳에.

우주의 옷자락

예술에 대한 탐색을
나는 매일 하고 있다
어떻게 어떤 예술을 할 것인가?
나에겐 중요한 화두라 할 수 있다
내가 입버릇처럼 말한
조선의 인류 최고 예술가는
존재할 수 없는 헛된 망상이겠지만
예술의 주력으로
전(全) 우주를 감동시키는 작품을 만들 수 있다는
환상을 나는 버릴 수가 없다
가능인가
불가능인가
신음처럼 고민을 해본다
결론은
가능하다
예술가의 예술적인 마력이
어느 한 개인에게 깊은 예술적 감동을 준다면
이는 개인에서 개인으로 나아가서 사회로
번져가며 이는 전(全) 우주를 그 예술적 감동의
여운이 전(全) 우주적으로 번져서 결국
우주도 예술의 신기에 의해
깊은 감동을 받을 수도 있다

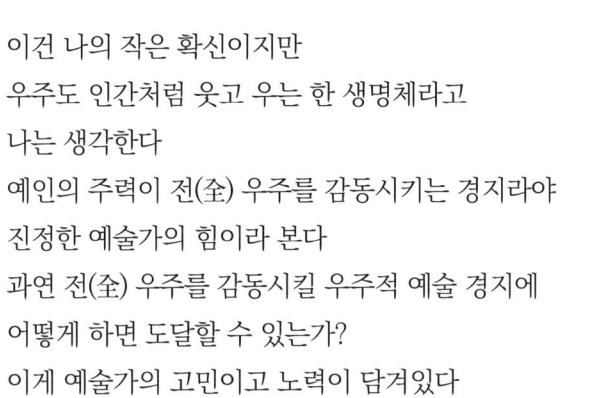

장미의 세월

이건 나의 작은 확신이지만
우주도 인간처럼 웃고 우는 한 생명체라고
나는 생각한다
예인의 주력이 전(全) 우주를 감동시키는 경지라야
진정한 예술가의 힘이라 본다
과연 전(全) 우주를 감동시킬 우주적 예술 경지에
어떻게 하면 도달할 수 있는가?
이게 예술가의 고민이고 노력이 담겨있다
우주의 옷자락을 잡고
같이 너울너울 춤을 추고 싶다
신명 나게
신명 나게
신명 나게.

바다의 당신

비 내리는 바닷가의 암석
그 위에
푸른 하늘빛이 내려다보는
당신이 파란 눈빛
해안가는 파도로 일렁이고
당신은
흰 손으로 파도와 해안가를 끌어안는다
당신 품으로 안기는 파도의 해변
흰 백사장은 눈을 감고
불어오는 바람에
자신을 맞기는 하얀 몸
비는 한 방울 두 방울

하얀 당신의 몸 위에 떨어지고
미끄러져 내리면서
작은 비명을 지른다
너무도 말간 당신의 피부의 유혹
파도가 밀고 가는 해안가에
당신의 육체는
정교하게 세공된 도자기
비의 노래가
태풍과 파도를 몰고 오고
당신의 감은 두 눈은
한 줄기 사랑의 눈물 흘러내린다
너무도 아름다운
바다의 푸른 자태 속에
비와 바람과 파도
그 위에 당신
눈부시다
이 바다의 노래가.

끝이 없는 길

길을 가도 길을 가야 한다
길
눈물 웃음 아픔 고독
이 모두를 느끼며 길을 가야 한다
그 길에는
꽃과 구름 바람 그리고 당신
모두를 바라보며
걸어가는 길

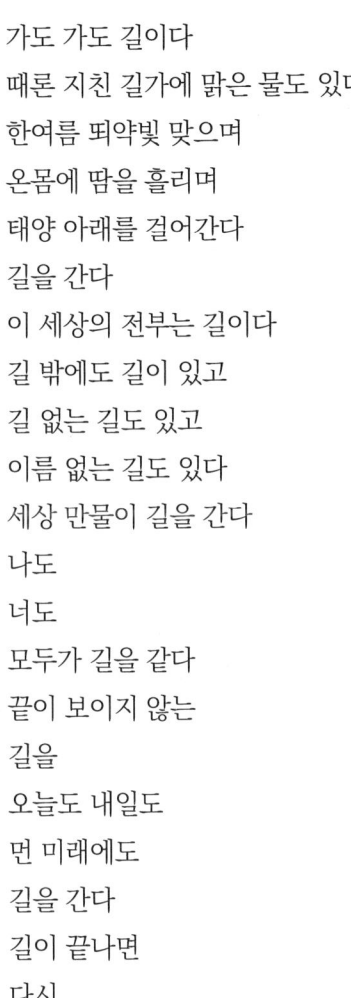

장미의 세월

가도 가도 길이다
때론 지친 길가에 맑은 물도 있다
한여름 뙤약빛 맞으며
온몸에 땀을 흘리며
태양 아래를 걸어간다
길을 간다
이 세상의 전부는 길이다
길 밖에도 길이 있고
길 없는 길도 있고
이름 없는 길도 있다
세상 만물이 길을 간다
나도
너도
모두가 길을 같다
끝이 보이지 않는
길을
오늘도 내일도
먼 미래에도
길을 간다
길이 끝나면
다시
영혼의 길을 간다.

가을 편지 5

새가 바다를 헤엄치고
물고기 공중을 날으는
초현실주의

현실도
가을에
아비뇽 마을의 처녀들
바빠진다
피카소는 왜
이 작품을 그렸을까?
어린 시절
마을에
만홧가게 옆에
때때로
아비뇽의 처녀들
분주히 움직이는
모습들
보았다
원시적인
원시적인
사랑 게임들
만화랑 무협지 보면서
아비뇽 처녀들 우수를
보았다
허름한 고장의
불야성을 이루던
아비뇽 마을
그곳에는
봄 여름 가을 겨울
바람불고
비 내리고
눈 내리던
어린 시절

장미의 세월

보았던 아비뇽의 처녀들
추석에
고향으로
고향으로
기차
고속버스 타고 집으로 내려가던
아비뇽의 아기씨들
가을에
왜
피카소가
아비뇽의 처녀들을 그렸는지
의문
의문이다
삶이 의문이듯이
가을을 향해 띄우는
의문과
편지.

오솔길

무더운 한여름에
고독한
오솔길을 걸어본다
도토리도 굴러다니고
다람쥐도 지나다니는
이 길
잠깐 걸으면
꿩이 한 마리 놀라 날아간다

빈 길을 빈 걸음으로 걷다 보면
멀리서 보이는
인가의 굴뚝에서 연기가 흐르고
외로운 나그네
그 길을 따라
노을빛 하늘로 걸어간다.

그저 그렇게

그러려니 하며 산다
나를 미워하던 사람도
나를 싫어하던 사람도
나를 욕하던 사람들에게도
그저 그러려니 하며 산다
평생을 산다는 거
그게 어찌 쉬운 일인가?
아무 해놓은 거 없는 인생이지만
세상 눈물 닮은 시 한 편
세상 아픔 닮은 시 한 편
세상 꽃송이 같은 시 한 편
쓰면서
그저 그러려니 하면서 산다
늘 섭섭한 마음으로
늘 미안한 마음으로
늘 허전한 마음으로
그저 그러려니 하며 산다.

장미의 세월

너무 더운 날에 당신

헉헉거리는 이 뜨거운 열기
한낮이 태양은 차가운
열정으로 마음을 녹인다
왜 당신이 떠오르는가?
어디인지 모르는 그곳에
당신의 하얀 볼이 빛나고
당신의 하얀 마음이
이 더운 여름의 뜨거움을 녹인다
잠시 머문 나의 시선은
떠도는 여름의 구름처럼
너의 꿈에
눈송이 같은 하얀 비로 내린다
바다의 푸르름이
희미해진 너의 이름 위에
파도로 밀려와 부서진다
작은 꽃 같은 열정이
이 무더운 여름 위에
소나기로 내리고
흐린 안개비로 마음을 적신다.

그대라는 속에서

사랑 안에는
사막의 모래바람이 들어있고
설국에 차가운 눈바람이 들어있고

적도에 내리쬐는 뜨거운 열기가 있고
저녁으로 환하게 물드는 노을이 있다
그대 안에 바람이여
어둔 골목길을 걸으며
휘영청 밝은 달 아래
술 취한 사람 지난간다
세상 모진 바람에 술을 약 삼아
모진 사랑 앞에 눈물 잔을 약처럼 삼키고
슬픈 긴 골목길 걸어간다
비틀대는 발걸음은 한세상 무게감
그러나 보라
고요한 적막 속에서도 태풍이 자라나듯
무성한 그대의 빈 모습에서
원시의 뜨거운 목마름
시원한 사바나의 비 내리듯
그대라는 밀림 속에서
쏟아진다
적막을 울리는 생명의 숨결이.

어젯밤 꿈에

꿈을 꾸었습니다
어느 방안이었습니다
당신은 보이지 않고
탁자 위에
편지가 한 통 있었습니다
봉투에서 편지를 꺼내
내용을 읽었습니다

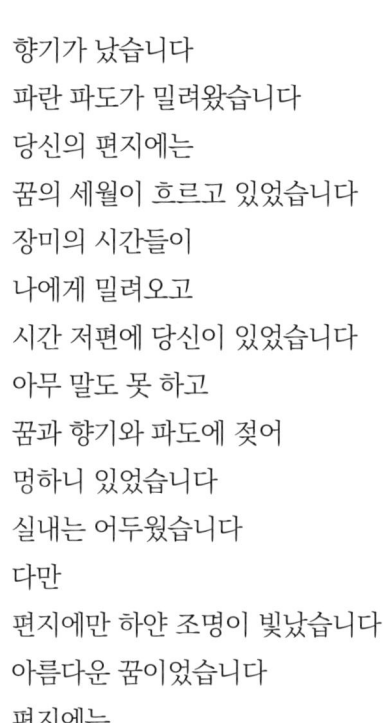

장미의 세월

향기가 났습니다
파란 파도가 밀려왔습니다
당신의 편지에는
꿈의 세월이 흐르고 있었습니다
장미의 시간들이
나에게 밀려오고
시간 저편에 당신이 있었습니다
아무 말도 못 하고
꿈과 향기와 파도에 젖어
멍하니 있었습니다
실내는 어두웠습니다
다만
편지에만 하얀 조명이 빛났습니다
아름다운 꿈이었습니다
편지에는
당신이란 장미가 피어있었습니다
내 마음에 꽂아두었습니다
어젯밤 꿈에
당신을 보았습니다
파란 파도가 밀려왔습니다
장미의 세월이었습니다.

장미의 세월

꿈을 꾸었습니다
어느 방안이었습니다
당신은 보이지 않고
탁자 위에

편지가 한 통 있었습니다
봉투에서 편지를 꺼내
내용을 읽었습니다
향기가 났습니다
파란 파도가 밀려왔습니다
당신의 편지에는
꿈의 세월이 흐르고 있었습니다
장미의 시간들이
나에게 밀려오고
시간 저편에 당신이 있었습니다
아무 말도 못 하고
꿈과 향기와 파도에 젖어
멍하니 있었습니다
실내는 어두웠습니다
다만
편지에만 하얀 조명이 빛났습니다
아름다운 꿈이었습니다
편지에는
당신이란 장미가 피어있었습니다
내 마음에 꽂아두었습니다
어젯밤 꿈에
당신을 보았습니다
파란 파도가 밀려왔습니다
장미의 세월이었습니다.

장미의 세월

사랑

우리 노를 저어 갈까요
좋아요
이 세상이라는 거친 항해에
목적지는 몰라도
너는 나를 믿고
나는 너를 믿고
파도치고
태풍 불고
암초 있는 이 밤바다에
우리가 믿는 지도는
사랑이라는
반짝이는
별
하나.

어제 내가 한 일

어제 한 편의 시를 썼고
어제 시 속의 너를 만났고
어제 만난 너는 아름다웠고
늘 맡았던 향기가 있었고
변함없이 사랑스러웠다
과거의 너와
현재의 너와
미래의 너를 만나는 일

그게
어제 내가 한 일이다
현실 속에서나
시 속에서나
꿈속에서나
너를 느끼고 만나는 일
살아가는 작은 행복한 일
어제 한 편의 시를 썼고
너를 만나
아주 긴 가로수 길을 걸어갔다
어제 내가 한 일이다.

너와의 시간

식탁 위에서
시간이 고인 향기를 포도주처럼
마시며 그 맛과 향을 음미한다
지나간 시간의 그리움들이
각각의 모습과 그림들로
마음을 물들인다

지금은 황혼 녘
식탁 위에 놓인 포도주병은
세월을 담은 추억의 감로주
언제 걸었던가?

그 길과
그 안개 낀 거리를

장미의 세월

말없이 아주 천천히 걸으며
미래는 노을 속에 물들고
우리는 속삭이듯
꿈같은 시간을 걸었다

미칠 것 같은 고뇌의 순간들도
마약같이 너를 만나 사라지던
미소 띤 행복의 술기운
그 길을 걸어간다

붉게 물드는 시간 속에
시간의 녹아 흐르던
지나간 그 길 속을
떠나간 기차 소리를 회상하면서.

알 수 없는 마음

그늘진 마음을 삭이고 삭이고
또 삭여도
식지 않는 생의 분노감
풀길 없는 화염의 어떤 칼날이
겨눌 곳 없는 허공을 찌른다
날마다
날마다 나를 도닥이며
남은 생의 시간들 속을 들여다본다
아마
살아야 할 날들이 지내온 시간보다
훨씬 적어진 이제

뭔가 더 깊어지고 싶다
응시의 눈
마음의 현미경으로
나를 들여다본다
참고 삭이자
거기서 꽃이 맺히고 열매가 열린다
바라지 말고
천천히
스스로 이루어지는 조화의 꿈
아직 늦지 않았다
천천히 아주 천천히
걸어서
저 꼭대기로
그늘진 그 삶의 자리에 오르자.

이상한 등불의 빛

담담한 호수의 물처럼
살아가는 길도
저절로 가야 하는 길이다
안개 낀 호수는 고요하다
바라보는 시선 저편에
호수 밖 등불이 있다
창문이 보이고
낙엽이 쌓여있다
바람도 불었다
밤이면 달이 밝았다
누군가 나그네의 발자국 소리

장미의 세월

희미하게 들린다
마구간의 짚에는
고양이 한 마리가 자고 있다
그 안을 들여다보는 등불
빛은 부옇게
생의 빛을 들여다본다
살아가는 일이 다 그렇다
누군가 보고 있고
아무 말도 하지 않는다
세상의 등불은 희미하고 이상하다
그 빛에 반사되는 것이 셈이다.

삶의 집에는 뭔가 있다

살아가는 것일까?
걸어가는 것일까?
이것도 저것도 아닐까?
강이 흐르고
배가 떠다니고
삶의 물에는 뭐가 있을까?
욕망의 상처들이
고동처럼 붙어서 숨을 쉬고 있다
지나온 바람의 시간들 속에
나는 썩어들어간 나뭇잎의 노래였다
아파하며 흘린 빗방울의 비명이었다
숲에는 고요의 음악이 눈처럼 내린다
하이얀 눈이
세상을 덮으면 강은 말없이 침묵한다

얼어들어가는 강의 표면은
그대로 내면의 작은 항거이다
걸어가다 옛 생각에 뒤돌아본다
어느 만큼 살아왔는가?
강에 흐르는 욕망의 부유물들
아름다운 집에는
음악이 흐르고
인정의 파도가 친다.

사랑충

나는
사랑의 애벌레
그대의 몸
그대의 나라
그대의 세계
그대의 우주를 탐험하는
아주 작은 벌레
그대의 나신에 안착하여
모험을 떠나네
희디 흰
당신의 몸
부드러운 살결
미끄러지듯 나아가네
나 그대 몸 보려고
망원경 가져왔네
나 그대 마음 탐구하려
현미경 가져왔네

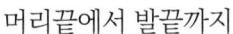

장미의 세월

머리끝에서 발끝까지
모험하네
신비의 별
신비의 해와 달
신비의 봉오리
신비의 평원
신비의 사막
신비의 숲
신비의 늪
신비의 동굴
아주
천천히 기어서 구불구불한
당신의 능선을 기어가네
망원경으로
현미경으로
당신이란 신비
환상의 몸
환상의 마음
환상의 영혼
끝나지 않는
영원한 모험
영원한 탐구 시작하네
나는
사랑의 애벌레
천천히
기어서 기어서
현미경
망원경 보며
그대라는

아름다운
몸
마음
영혼
탐구하는
모험하는
음미하는
한 마리
작은
애벌레.

바다와 새

삶의 고뇌의 바다에
방황하는
배 한 척

새 한 마리
끼룩끼룩

검은 하늘 위를 날고
천둥·번개와
먹구름은
비를 토한다

휘청대는 인생의 배
어디로 가는가?

파도치는
꿈의 바다로.

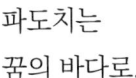
장미의 세월

고독의 알라딘 램프

추억은 별처럼 빛났지만
과거의 한순간이
예리하게 삶의 모서리로 찌른다
미래의 불확실성은
내 방에 가득 고인 고독의 향기
꿈을 그리는 작은
소녀들의 손처럼 하얗게 눈부시다
마음에 그리는 소망
가을의 쓸쓸한 고목처럼
한 잎 두 잎 떨어져 내리는
애수의 낙엽처럼
시간들의 속삭임은 정적의 붉은
나뭇잎처럼 불타오른다
고독을 문지르면
나타나는 환영의 순간들
너라는 환상
황홀한 키스의 이파리들이
너울대며 꿈을 가로지른다
소원을 말하고 싶지만
찌그러진 나의 작은 램프여
밤의 자막에
강물 같은 환상의 춤이
고독과 함께

별처럼 빛나며
생의 노래는
내 머리 위에 추락한다.

신비한 너의 웃음

너의 미소가
거리에 돌맹이를 웃게 하고
매서운 바람은 웃게 하고
꼿꼿한 나무를 춤추게 한다
알 수 없는 이유에서
세상은 돌아간다
흐르는 물이 울고 웃고
생명의 비밀을 품고 있다
너의 작은 행동이
하늘에서 비를 내리게 하고
비가 내리던 하늘에서
눈꽃이 하얗게 내리게 한다
너의 미소가
미소에 담긴 눈빛이
해를 웃게 하고
햇빛이 노래를 하게 하고
북한산의 노을이 고독으로 물든다
너의 미소 때문에
별들이 반짝이고
반짝이는 별들이 서로 사랑한다
너의 미소 때문에
바람에 흔들리는 나뭇잎이

장미의 세월

깊은 사색을 하고
땅에 이별 키스를 한다
알 수 없는 이유에서
너의 미소 때문에
이 밤도 한 시인이 담배를 핀다.

오래된 낡은 시계

이미 고장이 난지 오랜된
낡은 시계를 본다
우연히 서랍을 뒤지다 한켠에
웅크린 헌시계
지금은 멈춰진 시간을 가리킨다
그 시계 속에 시간은
언제였을까
나는 그때 무엇을 하였을까?
지금은 여름
하얀 눈이 여름 눈송이로 내린다
그 시계 속에 시간은
아마도 어느 날 어느 시간이었을 것이다
너를 생각하고
만나기를 고대했던 시간이었고
창밖으로는
겨울 눈이 펄펄 내리고 있었을 것이다
너와 나는
어느 카페에서
서로를 마주 보며
한 잔의 커피를 마시며

얘기 꽃을 피우며
따스한 시간을 보냈을 것이다
그때의 낡은 시계는
익어가는 겨울 그날을
기억하고 있을 것이다
그때 당신의 얼굴과 표정을
서랍 속에 낡은 시계는
과거 속에 있지만
시간은 멈추지 않고
그날 그때를
그대를 가리킨다
서랍 속에
오래된 낡은 시계는.

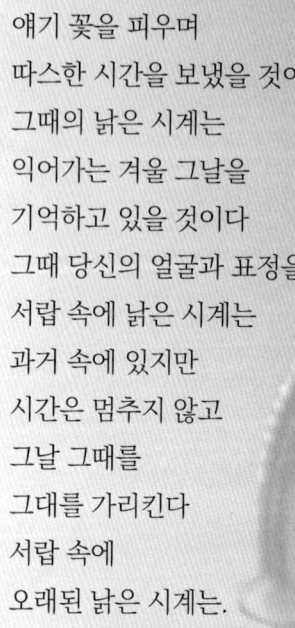

장미의 세월

인간은 시간 속에 산다

시간은 가을의 나뭇잎처럼
파랗다가 노랗게
옷을 갈아입고
꿈을 노래한다
한낮의 뜨거운 태양은
목마름으로 가득하여
대지에 짙은 열기를
거리의 지붕마다에
따가운 노래를 부른다
불어오는 바람아
신선한 대지의 춤이여
이제는 눈 떠라
세월은 흘러가고
강물 따라 어디론가 간다
세월 같은 바람이여
너의 뜨거운 이마에
찬 이슬이 맺히면
고왔던 그대의 얼굴도
시간 속에 물든다
낮과 밤의 사랑이
이제 선선한 빗방울의
고뇌로
여름의 꿈을 적신다
불어온다
모든 것을 변하게 하며
시간의 노래 속에

가을은 바람의 호흡으로
우리에게 다가온다.

바람이 불어오는 곳

어디서 부는 바람일까?
살랑이는 나뭇잎에서
저 먼 곳에서 들려오는
푸른 하늘의 노랫소리
산과 바다를 건너
밤하늘 해와 달을 헤치고
은하수의 깃발을 달고
바람은 아주 멀리서 불어온다
꿈의 바람이 분다
펄럭이는 대지의 노래여
작은 희망의 빛이
우리의 광장에서
꽃잎처럼 떨어지며
창문에 눈꽃으로 내린다
바람이 불어온다
우리의 감긴 눈을 열고
온 세상의 꿈이 담긴
간절한 소망의 바람이
펄럭이며
우리의 가슴을 헤치고
별똥별처럼
머리 위에 사랑의 달빛이
흰 꽃가루처럼

장미의 세월

환상의 빛으로 내려온다
어디서 불어오는 바람일까?
모두의 마음을 일렁이게 하는
아마도 신의 노래처럼
황금빛 나무의 속삭임으로
바람은 불어온다
아! 어디서 불어오는 바람일까?

늦여름에 생긴 일

당신을 만났지요
그 어느 날
그 어느 곳에서
처음 당신을 만났습니다
아름다운 햇살이
뜨겁게 내리던 그런 날에
우린 커피를 마시며
작은 세상에 대한
꿈을 말했습니다
나는 광대의 꿈에 대해
웃으며 얘기했습니다
당신은 웃었습니다
사실
광대란 얼마나 슬픈 웃음입니까?
산다는 게
광대 짓 아닐까요?
당신을 만나 이곳에서
아름다운 음악 속에서

차 한잔의 여운 속에서
삶에 울리는 표정 속에서
비의 서정이
지붕을 울리는 그런 분위기에서
당신을 만났습니다.
세상은 햇빛과 빗물의
엇갈린 운명이 연주하는
슬픔의 교향악 아닐까요?
당신을 만났지요
비와 햇빛이 서로 만난 곳에서.

만약에 가을이 온다면

너의 얼굴에 번지는 웃음처럼
그런 가을이 온다면
하늘의 파란색에 물들어
싱그런 바람처럼 온다면
만약에 가을이 온다면
꿈꾸듯 번지는 너의 눈빛처럼
그런 가을이 온다면
햇빛은 수줍게 연인이 된다면
만약에 가을이 온다면
잊혀진 약속처럼
꽃이 피어난다면
언덕 위에 가을 코스모스가 흔들린다면
만약에 가을이 온다면
고요한 빗방울처럼 추적추적
내 품에 안기는 그리움이라면

가을은 써늘한 향기를
너의 작은 입술처럼
내 마음을 촉촉이 적셔준다면
어느 가을의 만약에.

가을 만약에

만약에 가을이 온다면
너의 얼굴에 번지는 웃음처럼
그런 가을이 온다면

하늘의 파란색에 물들어
싱그런 바람처럼 온다면
만약에 가을이 온다면
꿈꾸듯 번지는 너의 눈빛처럼
그런 가을이 온다면
햇빛은 수줍게 연인이 된다면

만약에 가을이 온다면
잊혀진 약속처럼
꽃이 피어난다면
언덕 위에 가을 코스모스가 흔들린다면

만약에 가을이 온다면
고요한 빗방울처럼 추적추적
내 품에 안기는 그리움이라면
가을은 써늘한 향기를
너의 작은 입술처럼

내 마음을 촉촉이 적셔준다면
어느 가을의 만약에.

나의 발걸음

생이 왜 이리 무거운지 모르겠다
한 걸음 한 걸음이 천근만근이다
무슨 짐을 지었기에 이렇게 무거울까?
아마도 어떤 업의 생이었기에
그 무게가 쌓여서 생긴 무게일 것이다

당신을 좋아한 죄
당신을 그리워한 죄
당신을 뜨겁게 사랑한 죄
이 모든 게 나의 업이었다
임만 임이 아니었기에
나의 생의 무게는 억겁의 업으로
무거워진 것이리라

가벼워지고 싶다
연인들의 발걸음처럼
날아가고 싶다 하늘 위의 새처럼
벗어나고 싶다
생의 이 깊은 무게감에서……

말

나는 믿지 않습니다
이 세상의 모든 말을
왜냐구요
당신은 말이 아니기 때문입니다
당신은 당신 자체입니다
당신을 표현할 수 있는 말은
세상에 없습니다
당신의 눈빛
말이 아닙니다
당신의 입술
말이 아닙니다
당신의 흰 목
말이 아닙니다
당신은 말 없는 말이며
세상에 빛나는 별입니다
나는 믿지 않습니다
당신에 대한 어떤 말도
믿지 않습니다
당신 자체를 믿습니다
꿈이 아닌 당신의 모습
그게 당신입니다
말 너머에 있는 말의 참모습
그게 당신일 테니까요.

술잔의 비밀

한잔의 고독한 술에
과거의 쓸쓸한 비애의 빗물이
내리고 있다
마셔도 마셔도 비워지지 않는
술잔의 허무
한잔의 텅 빈 공허에
헛사랑의 맹세처럼 거짓의 노래가
입가에 맴돈다
생의 골짜기에서 헤매고 다닌
나의 지난 시간 속에
찬바람의 싸늘함 녹아있다
한 잔의 술
그 속에 담긴 어떤 마음이
붉은 노을처럼
얼굴을 붉혀지게 하는
너의 미소가 담겨있다
모든 술잔에는
생의 비밀들이 들어있고
끝없는 새로운 날개들이
허공에 날아다니며
작은 탁자 위에서
지난날을 달빛처럼 비춘다.

당신은 카페에 앉아 있다

향긋한 커피처럼
달콤한 당신
지금 방안에서 쓴 커피를
한 잔 마시면서
당신이 앉아 있는 카페에 가고 싶다
그곳은 해와 달이 빚은
까만 커피가 무르익어
당신의 향기로 피어오르고
목마를 타고 떠난 숙녀처럼
고요히 앉아 있다.
그 곁에
그 곁에
가고 싶다
나는 빨간 머플러를 두르고
당신을 마주 보며
21세기의 낭만과 추억을
시로 쓰고 노래하고 싶다
꿈이
우수수 낙엽처럼
떨어지는 당신의 써늘함 곁에서
가을이 몰고 온
찬 공기의 향기 속에
따스한 커피와 당신이 있는
카페에 가고 싶다
바람이 부는 날에
조용한 불꽃처럼
당신 곁에 있고 싶다.

그 카페에 당신은

하얀 커튼이 어울리는 창문
그 탁자에 당신은 있다
당신이 녹아있는 카페에서
상상을 한다
당신의 눈빛
당신의 입술
당신의 꿈이 스며있는 카페에는
평범한 일상의 한낮이
조용히 내려 앉아 있다
그 카페에는 당신의 말소리가
조명의 빛처럼 울리고
음악과 함께 춤을 추며
소박한 당신의 손길이
커피잔을 들고 침묵으로 앉아있다
세월 속에 모든 것이 사라져도
그 카페의 당신은
언제나 그 자리에 앉아서
한 잔의 커피와 낮은 이야기의
재잘거림이 새처럼
날아다닌다
그 카페에 녹아있는 당신의
모든 그림자가
나의 늦여름의 오후를
꿈의 시간에
기차로 달려간다.

여수 앞바다에서

쓸쓸한 창가에서
눈앞에 보이는 파란 바다
흐린 하늘 아래였기에
정적의 세상은 고요의 바다였다
마음의 길을 따라
바다를 헤매고 다녔다
고요한 물결
그 위에 구름 하나
청결한 빛의 파도가 밀려온다
담담하게 서서
현실을 꿈으로 빚어서
상상의 바다를 거닐어 본다
새들은 하늘을 날고
해변의 모래밭은 사랑으로 속삭인다
그 사람은
늘 곁에 없지만
늘 곁에 두고
별빛이 쏟아지는
파란 바닷가를 같이 걷는다
인생의 고요가 밀려오고
정다운 향기가 회상 속에 어린다
언제까지나 걸어가야 한다
뚜벅뚜벅 걸어가는 길
맑은 바다 빛 해변의 고요와 손잡고
꿈꾸는 현실의 별빛 속을
그대와 다정히 걷는다
파란 파도와 함께.

불어오는 눈빛

여기저기서
세상 모든 곳에서
햇불의 밝은 빛이
바람처럼 불어온다
아주 가난한
마구간에서
아기가
태어나
인류의 빛이 되었듯이
지금
아주 작고 허름한
방안의
어느 시인의 펜 끝에서
시대의 바람이 분다
갈대를 흔들고
소나무를 흔들고
산과 바다를 흔든다
불어온다
고독한 밤
도시의
작은 등대 불빛
꿈의 불씨가
길을 비춘다
이 세상의 넝마를 태우고
새로운 열매의 불꽃으로
우리 모두의 목마름을
적셔줄

눈부신 영혼의 결실이
모든 곳에서
아름다운 불꽃으로
피어오른다
빛나는 눈빛이 불어온다.

장미의 세월

이별은 떠나는 길목

눈 내린 벌판에 한 사람이 걸어온다
목에는 머플러를 두르고
저벅저벅 눈을 맞으며 걷는다
주위는 설원이다
펄펄 내리는 눈을 맞으며
어디로 가는 것일까?
아마 바다이리라
눈 내리는 허공을 나는 새
그 모습을 보려고
끝이 없는 망망한 바다에
자신을 점 하나로 세우려 간다
왜 떠나는 걸까?
아마 서러운 인생이 슬퍼서겠지
모든 것들과 이별의 눈물을 흘리기 위해
눈 내리는 세상을 걸어서
해안가에 한 줌을 눈물을 뿌리기 위해
설움을 안고 가는 것이다
입안에 흰 김 머금고
가득 찬 아픔 삼키고
눈 맞으며 달리는

기차처럼 세상을 향해 걸어가는
길목에서 기적의 시간
절절한 눈 한 송이로 떠난다.

친퀘 테레

다양한
이상한
추한
멋있는
사람과 풍경들
많은 인파를 끌어당기는 인력
태양은
지중해의 쨍쨍한
햇빛을
사람을
나를 취하게 한다
미치게 한다
이 마을
이 해변
이 바다
포돗빛 향기와
포돗빛 그리움과
포돗빛 색채들
나를
나를
황홀하게 한다
이 고장은.

가을 이별

한밤에 풀벌레 울음소리
내 가슴에 잔잔한 기억이 떠오른다
가을날에 어느 저녁
마지막 자리
우린 아무 말 없이 이별했다
시간이 이만치 지났으면
흘러가야 했을 순간이
찬 서리 마냥 마음이 시려온다
다시 만날 수 없는 헤어짐은
긴 여운으로 메아리처럼 울린다
행복하리라 믿는다
나는 그냥 살아가고 있다
가을의 청량한 기운이 아마도
지난 시간 살아나게 하고
그 흔적은 지워지지 않는다
아픔을 아름다운 추억으로 간직하고
미래를 향해 걸어가고 있다
다시는 생각하지 않겠다고 마음먹지만
가을이 오면 별빛처럼 마음의 밤하늘에
빛난다.
어떤 표현도 설명이 되지 않기에 푸른
가을 하늘에 파랗게 가을 편지 쓴다
백지로 쓴 편지를 하늘에 띄운다.

가을 하늘을 보며

파란 하늘을 보며
하이얀 공기의 냄새를 맡는다
날 선 기운이 내 마음 찌르고
고통이 온몸에 저려온다
참 다행이다
이런 아픔이 있다는 게
이런 상처가 있다는 게
아마 널 기억하기 때문이지
참 다행이다
이런 고통이 있다는 게
이런 기억이 있다는 게
아마 널 잊지 않기 때문이지
파란 하늘을 보며
되살아 나는 마음의 통증이 있다는 게
나의 행복이다
참 다행이다
아픔이 사라지면 너마저 사라질까 두려워
시간의 축복이 아픔을 통해 느껴진다
파란 하늘을 보며
아픔을 느낄 수 있어서
참 다행이다.

여름이 별이 된다면

부는 바람에 여름이 물러나고
내리는 비에
가을 잎이 피어난다
잎들은 단풍으로 물들고
빈집을 흔들던 바람에
낙엽으로 떨어진다
밤하늘로 올라간 낙엽의 혼은
별이 되어 빛나고
그 별빛은
싸늘한 겨울에 눈이 되어내린다
그 카페에
그대와 나의 찻잔 속에
하얀 눈송이는
꿈으로 추락하여
따스한 사랑의 향기로
우리의 마음을 적신다
별이 빛나는
그대와 나의 입김은
까만 밤의
거리를 찬바람의 우수로
하얗게 내린다.

장미의 세월

가슴 시린 하늘 아래에서

눈부신 가을 들판으로 가자
거기 한평생 지고 가야 할 생의 무게가
바람에 날리는 낙엽처럼 휘날릴 때
과연 우린 무엇을 얻고 잃었나?
강물이 흐르고
구름이 흐르고
삶의 적막이 흐르는
가을의 표정은 그저 막막하다
춤추는 허수아비 꿈처럼
무의미한 말들이 고개를 들고
갈대밭에 붉은 노을이 질 때
떠나리라
삶의 광장은 거짓 함성과 거친 표어들로 가득차고
낙서처럼 쓴 시들이 노래할 때
작은 술집에서
흘러나오는 고독은
차가운 알코올처럼 불타오른다
이제 가을하늘이 명하는
파란 기운이 우리를 굴복시키고
먼 강가에 부는 바람에
잎새의 노래는 꿈꾸리라
떠나리라
가슴 시린 하늘 아래
손잡고 떠날 그 사람의 애수는
찬 바람에
날개를 펴고 날아간다.

어두운 의식의 빛

그대 눈가에 슬픈 비가 내리던
어느 날에
마음의 창고에는
문이 닫히고
커튼이 처지고
의자에 앉아 있는 모습은
날아다니는 새 한 마리를
거울로 만들어
스스로를 비쳐 보았다
날 수 없는 한 마리 새
캄캄한 의식의 바다에서
힘없이 서 있는 한 그루의 나무
날개 없는 사람의 허무는
푸른 하늘의 구름처럼 떠간다
파란 구슬처럼
스스로 빛나지 못하는 존재의
꿈은 길이 막혔다
한없는 날갯짓 같은
슬픈 표정의 피에로 같이
바다는 춥고
바람이 거세게 불었다
날아가야 한다
따스한 불빛의 그곳으로
창고의 어느 곳에
작은 불씨가 반짝하고 빛을 내며
어두운 길을 비춘다
파란 바다와

파란 하늘이
두 손을 잡고 날아가는 새를
별의 끝으로 인도한다.

꿈길 속에 그대

가을이다
가을 길을 따라 걷는다
나는 카페에 가는 중이다
언제나 그 곳에
당신이 앉아
까만 커피를 마신다
내가 가는 이 길은 과연
현실의 길인가?
그 자리에 가는 순간이
꿈인듯하다
하이얀 당신의 손
가을을 닮은 당신의 미소
정다운 그 길에 가는 발길이
현실 같지가 않다
가을의 침묵 속에
낙엽 같은 햇빛이 길을 비춘다
내가 가는 길은
아주 오랜 그리움으로 만든
가을바람의 길이다
그대가 앉은 그 자리에
가을 편지처럼 나는 간다.

한 송이 장미

내 마음속에 향수병 하나
언제나
은은한 향기로
나를 적신다
그대라는 작은 얼굴
향수병처럼
곱게 마음에 새겨져 있다
꿈을 꾸면
열리는 뚜껑
그 장미 향에 나는 취한다
색색의 향이
힘들 때 고달플 때
피어오른다
모든 고통 잠재우는 그 향기
그대라는 작은 얼굴
가슴에
그려진 예쁜 향수병
별이 빛나는 밤이면
꿈꾸듯이
다가오는 그대
마음 깊은 곳에
언제나 피어있는
장미 한 송이.

장미의 세월

너에게 보내는 말

순백의 하늘가에
우편엽서 같은 파란 공기가
몸짓하며 웃고 있다
가는 길은
낙엽이 수를 놓은 비단길
이곳에서 나는 가슴에 품은
언어들을 꽃줄로 엮어
어두운 밤 골목길
가로등 불빛에 새겨넣는다
너의 발걸음이 밀려올 때
창가에 앉은 나는
바다 위에 떠도는 새처럼
푸른 물속에 세월을 바라본다
시린 하늘의 미소는
너의 작은 발을 꽃잎으로 바라본다
사랑의 가로등 불빛이
너를 비추는 날
구름 속에 작은 꽃비가
너의 가슴을
두근두근 빗소리처럼 울린다
나는 계단을 내려가
문을 활짝 열고
그 비를 맞으며 너에게 간다
아직 세상에 없는 꽃을 들고서
빗소리에 젖은 너를
꼭 안아주리라.

바람만 부는 시간

어느덧 가을
파란 하늘에 구름 한 조각
그 물감에 젖어서
눈 시린 허공을 본다
답답했던 날들은
바람 따라 사라진다
빈 몸으로
삶의 모서리에 기대서
오지 않은 푸른 나뭇잎의 세월을
멍하니 쳐다본다
손에 잡히지 않은 나날들
달력처럼 뜯겨 사라지고
작은 고민의 순간들은
안개 속의 미로처럼 헤매인다
마음속엔 바람만 분다
무엇을 해야 할지를 몰라
고민의 손톱을 물어뜯으며
잔잔한 하늘의 물결 속에
애잔한 넋을 담가본다
많은 기다림의 날들이
낙엽처럼
바람에 흩어지고
벤치 위에 고독한 그림자로 서 있다
마음속에 바람만 불고
서성이며 흘러가는
세월의 시간들을 바라만 본다.

살아가는 날들

어떤 고성 속에
외로이
창밖만 바라보는
어떤 한 사람
무엇을 기다릴까?
천사를 기다리는 의자
어둠 속에 꽉 찬 응시
언덕에 올라
불어오는 바람을 맞으며
흔들리는 풀잎처럼
옷자락은 너풀대고
먼 곳에 강이 한 줄기 흐른다
시간의 날개가 오지 않았기에
그는 꿈속의 날들을
머리에 채우고
고독의 그림자와 대화를 나눈다
그 무엇과도 바꿀 수 없는 삶의 환희를
불꽃처럼 활활 태우며
아궁이의 태양을 바라본다
살아가는 한 자국 한 자국의
무게가 정오의 시계처럼
또렷한 기억으로 새겨진다
고성의 거미줄은
한가한 오후를 맞고
삐걱이는 의자에 앉아
머나먼 세월의 나라를
기억 속에 나비처럼 쫓으며

추억의 먼지를
입김으로 불어댄다
흐른다
모든 것이 흐른다.

장미의 세월

누군가

이 한세상 누군가 만나고 간다
이 상처 난 마음
이 고독한 마음
이 쓰라린 마음
나누고 살아갈 누군가 만나고 간다
이 황량한 세상에
누군가를 만나
사랑을 알게 되고
고귀함을 알게 되고
아름다움 알게 되고
그 누군가는 어디에 있나?
먼 곳에서라도 한번 봤으면
그 뒷모습이라도 쳐다봤으면
악수도 하고
포옹도 하고
한잔도 하고
그 누군가를 만나 보석 같은 감정 느껴봤으면
낙엽 지는 날
내가 떠나는 날
달이 떠 있는 날
그리움 남겨준 누군가를 그리워했으면

깊은 마음속에 소중히 간직한 누군가를
이 세상 떠나는 날
누군가의 향기를 안고
멀리 여행 떠나는 날
노을 속에
날아가는 한 마리 새처럼
평화를 느끼게 할 누군가를

너를 만나면

가을에 너를 만나면
어느 자리에서
너를 보면
나는 아무 말도 못 할 거 같아
미소도 나오지 않고
평생 용기 없이 살아온
내 자신이 미울 거 같아
너와 나는 아마 오솔길을 걸으며
풀벌레 소리에 귀를 기울일지 몰라
애태웠던 마음이
내 입을 가로막고
나는 침묵의 용사인 듯
앞만 보고 걸을 거야
가을에 너를 만나면
어느 자리에서
너를 보면
나는 아무 말도 못 할 거 같아
태양 빛만큼

장미의 세월

널 향한 마음이 간절해도
수줍은 달처럼
고개 숙이며 침묵할 거야
너와 나는 오솔길을 걸으며
바람이 주는 이야기와
햇빛의 노래에 취해
지나온 시간에 대해 추억할 거야
해변가의 꿈에 젖은
붉은 노을 속에 아이처럼.

나는 그곳에 갔네

눈 내리는 날
하얗게 눈이 내리는 날
그 카페에 나는 갔네

커피향기가
나를 반기며 웃었네

정다운 창가에 앉아
흐르는 음악 소리에 마음이 젖었네

당신을 기다리는 시간은
작은 행복한 순간이었네
실내에 스토브의 열기가
사랑처럼 피어오르고
빨간 온기에 내 몸을 녹였네

조명은 19세기의 러시아 빛 춤이었네
어느 이름 없는 시인의 노래가
그 작은 카페에 다소곳한 정감이었네
당신이 없는 그 카페는
고요한 적막감이 쓸쓸한 편지를
쓰고 있었네

모든 게 지나간 날들의 애수처럼
하얀 눈 소리에 눈을 감았네
눈 내리는 날

하얗게 눈이 내리는 날
그 카페에 어둠이 지면
세상의 모든 쓸쓸함이 눈을 감고
고요한 그 카페에 음악을 들었네

그 카페에 나는 어느 날
문득 내리는 눈을 맞으며
그곳에 나는 갔네.

가을 잎사귀

태양은 아직 강렬하지만
나무의 잎사귀는 사색한다
푸르른 나뭇잎의 지난여름의 파도
밀려오는 햇살의 바람이
잎사귀를 추억에 물들인다
도시의 불타는 열기 앞에
나는 붉게 타올랐다
또 하나의 시간이 왔기에
몸은 다가올 미래 앞에 숨죽인다
가을 잎은 아름다운 과거와 미래의
재회 속에 새 단장을 하며
바람에 날려 흙으로 탄생한다
나의 날들은 갔어도
미련 없이 화가의 채색에 따라 변하는
그림의 한 장면처럼
나도 숙성의 포도주의 향기를 품으며
계절에 익어간다
잎사귀의 노래는
대지의 마지막 열정의 꿈으로 변하여
붉게 바래진 시간의 꿈 앞에
옷을 벗고 바람에 몸을 맡긴다
모든 잎은
가을 노래에 춤을 춘다.

우수의 노래

보이지 않는 너의 얼굴에
가려진 우수는
나의 마음에 시의 노래
그 눈빛이 말하는
차가운 언어
가을바람이 속삭이는
달빛의 노래
아주 먼 길을 걸어가는
연인들의 추억의 시편
비가 내리던 날
우산 속에 고인
향긋한 다정함
세월에 날리는 나뭇잎의 기억
우수수 떨어지는
춤추는 낙엽의 노래
힘겨운 세상살이의 오르막
인생의 슬픈 비가
안개 같은 미래의 메아리는
낯설은 거리의 속삭임
이제 꿈꾸는 자는
희망을 등에 지고
언덕 높을 곳을 향해
시간의 향수를 타고 걸어간다.

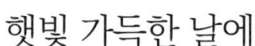

햇빛 가득한 날에

가을에 눈부신 한낮에
문득
너의 눈빛
너의 미소
너의 아픔
너의 사랑
이 모든 게 내 의미로 다가왔다
시린 세월을 걸어온 이유가
가을바람 부는 창문에서
눈부신 너의 얼굴 보려고
햇빛에 기대어
손 흔들며 너를 부른다
나뭇잎 하나 떨어지고
땅 위에 쓸쓸한 그림자의 모습
벤치에 고독한 적막
혼자 앉아 있다
너의 삶의 향기가 이 가을에
가장 아름다운 꽃이 되어
바람에 흔들린다
손 내밀면 사라지는
너의 햇빛
너의 영혼
바람에 펄럭이며
내 앞에 서 있다
떨어지는 나뭇잎처럼.

가을 꽃잎처럼

눈 시린 가을하늘 속에
너와 나의 꿈이 있다
활활 타오르는 가을의 붉은
노을 속에
시간 속에 어린 꿈이 있다
가을날에 핀 꽃
그 작은 꽃잎 속에
아련한 그리움이 물들고
야릇한 비밀의 속삭임이 있다
가을 꽃잎처럼
물 들어가고 싶다
해안가에 배 한 척
석양을 맞으며 쓸쓸히 울고 있다
가을 꽃잎처럼
너에게 가고 싶다
바닷가의 모래백사장의
하이얀 가을의 노래로
너에게 다가가고 싶다
가을 꽃잎처럼
슬픔의 아름다움으로
너에게 다가가고 싶다
가을이 파랗게 물들면
붉은 시간이 익어가는
가을 꽃잎처럼
아름답게 핀 한 잎의
사랑이고 싶다.

외로운 날의 방황

쓸쓸한 바람이 부는 거리를
혼자 걸어가는 것은
누군가를 그리워하기 때문이다
밤에 고독 속에 불빛 아래
혼자 차를 마시며
인생에 대해 생각하는 것은
누군가를 그리워하기 때문이다
차가운 세상사에서
침묵의 산책을 하는 것은
어딘가 멀리에 있는
누군가를 그리워하기 때문이다
마음과 몸이 아프고 고단해도
하늘의 붉은 해와 하얀 달을 보며
꿈꾸며 사는 것은
누군가를 그리워하기 때문이다
언제나 보잘것없는 스스로를
따스히 바라보는 시선이 있다고
믿고 사는 것은
누군가를 그리워하기 때문이다
알 수 없는 인생길을 혼자서 걸어가는 까닭이다.

가을에

끝없이 서성거리며 살아왔다
생에 자리를 찾지 못해
얼마나 가슴 조여했던가
파란 가을 하늘을 보며
흐르는 구름처럼
흘러온 나의 시간들
헛된 꿈들이었나 하고
되돌아보지만
결국은 손바닥만한 아쉬움이 남는다
타고 남은 재 같은 마음에
새 희망의 기름을 붓는다
아직은
꿈 없는 생이기에는
너무 미련이 많다
걷고 또 걸어온 신비의
순간들이 마법 같은 별처럼 빛난다
가을은
선선히 불어오는 꿈의 바람
아쉬운 미련의 세월을
촛불만한 빛으로 밝히고
오늘도
내일도
모레도
흔들리는 시간의 열차를 타고
파란 가을하늘로
연기처럼 달려간다.

장미의 세월

당신을 바라볼 때 2

가을
나뭇잎이 하나둘 떨어질 때
나는 햇빛 받으며
우수의 코트를 입고 걸어간다
세상은 아직 아름답다
길 위에 떠도는 낙엽들이
정답게 모여 수다를 떤다
바람은 잔잔하고 나를 흔든다
당신은 어디에도 없다
살아가는 동안 당신을 본 적이 없다
이 밝은 햇살 아래서
누군가를 기다리며 산다는 거
정오의 시간
파란 하늘만이 이 별 속에
내가 산다는 걸 말해준다
초조하게 기다리지만
끝내 오지 않을 누군가를 기다린다
그 누군가의 얼굴을 바라보는
내 시선은 수수께끼이다
당신이 누군지 알 수 없기에
만날 수 없는 당신을 만나려 한다
가을
나뭇잎이 하나둘 떨어질 때
나는 거리를 걸으며
보이지 않는 당신을 본다
침묵하는 정오의 시간
거리에 나뭇잎이 떨어진다.

바람만 불던 날들

한낮의 태양에 헉헉거리던 날들
찌는 더위 속에 고독한 담배만 피던 날들
세월의 빛바램 속에
아무 생각도 못 하고 방구석에서 보낸 날들
고독의 향기가 램프처럼 타오르던 날들
누구를 기다리지 않고 기다리던 날들
이제는 꿈꾸지 않으리라 다짐한 날들
그런 날들 속에
바람만 불어오고
바람만 불어오고
슬픔의 옷자락은 펄럭이고
작은 기다림의 소망은
홀로 고독에 기대서서
스스로의 생각들을 삼키며
보내온 날들이다
아직 오지 않은 날들에 대한 기대는
작은 책상 위에 소용돌이치고
너의 환상이 바람으로 불어온다
창문을 열고
지난 세월의 열매들이 익어가는
시간의 음표들이 불어온다
허전한 목마름이 너를 마시게 한다
바람만 부는 시간 앞에서
일렁이는 나의 초상은
우울한 생의 그림자로 서 있다
떠날 수 없는 생의 긴 여운이
나를 감싸고

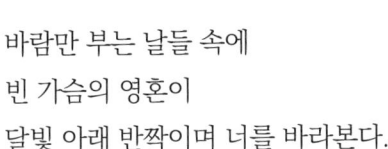

장미의 세월

바람만 부는 날들 속에
빈 가슴의 영혼이
달빛 아래 반짝이며 너를 바라본다.

당신 때문에

이 찬 세상을 당신이 없기에
살아왔는지 모릅니다
밤의 그리움 속에
떠오른 당신이 있기에
당신이 없는 시간을 견뎌왔습니다
눈 내리는 날에
하얀 눈을 맞으며
긴 골목길을 쓸쓸히 걸어왔습니다
당신이 없기에
아마 외로운 길을 걸어왔는지 모릅니다
혼자 담배를 피며
꿈 없는 밤을 보냈는지 모릅니다
왜 생은 이다지
고독을 사랑할까요
그 옆자리에 늘 당신이 있기에
외로운 시간을 보냈습니다
당신이 없는 세상
이 거친 거리를 살아왔습니다
과일가게에
빨간 사과가 향기롭고
한 입 와삭 깨물며
이 추운 세상을 살아왔습니다

당신이 없는 까닭에
당신만을 바라며 살아왔습니다
부드러운 당신의 입술
그 향기를 맡으며
이 밤의 꿈 없는 꿈을 꾸며
아무 말 없이 살아가고 있습니다
당신이 없는 세상이기에.

작은 풍경화

하이얀 눈이 내리는 날에
흰 눈 맞은 작은 집에
너와 내가
꿈꾸며 살고 있다
마당에는 수척한 나무와
지난여름의 꽃이 피어있고
새장에는
앵무새 한 마리가 살고 있다
하루에 노동들이
살을 맞대고 땀을 흘린다
밤하늘에는
별이 총총히 빛나고
커튼이 처진 방에
책상이 졸고 있다
빨래가 바람에 나부끼고
세월에 빛바랜
책들이
사색하며 노래한다

작은 식탁에 앉은
너와 나는
하루의 일과를
잊고서
마주 보며 앉아 있다
생의 작은 일상 속에서.

장미의 세월

이상한 나라의 당신

당신은 참 이상한 나라에 살고 있군요
비가 꽃처럼 내리는 침대
모든 바람이 커피향기가 되는 창문
눈이 솜사탕처럼 내리는 욕실
번개와 천둥이 모차르트를 연주하는 피아노
당신은 참 이상한 나라에 살고 있군요
사람들의 감정에서 금붕어가 팔딱이고
밤의 꿈속으로 들어가 천사와 체스를 하는
참 이상한 나라에 살고 있군요
모든 연인들은 하늘을 날고
고독한 사람은 파란 담배에서
와인을 뿜어내는
참 이상한 나라
당신은 그곳에 살고 있군요
아마 달콤한 당신의 마음이
내 마음을 찌르고
난 상상의 나라에서
안개로 케이크를 만들게 하는
당신의 이상한 나라

나도 그곳에 가고 싶다
나도 그곳에 가고 싶다
이상한 나라의 당신
곁으로.

그 사람과 함께

바라지 않아도 바라보는 그 사람
이 머나먼 길을 함께 걷고 싶어라
비 내리는 날에
우산을 같이 쓰고
모진 바람에 나무가 흔들려도
묵묵히 손잡고 이 길을 걷고 싶다
세상 소리에 눈 감고
흔들리지 않는 마음으로
나와 같은 걸음으로
끝없이 펼쳐진 세상 길을 걷는 사람
흔들리지 않는 걸음으로
내 곁에서
앞만 바라보고 걸어가는 그 한 사람
산과 바다가 가로막아도
거친 파도와 싸우며
꿈을 향해
미래로 나아가는 그 사람
그런 소중한 그 한 사람
가난한 날에
희망의 밥과 소망의 찬을 나누며
아주 길고 긴 그 길을 함께 걸으며

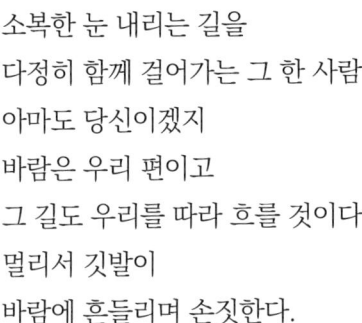

장미의 세월

소복한 눈 내리는 길을
다정히 함께 걸어가는 그 한 사람
아마도 당신이겠지
바람은 우리 편이고
그 길도 우리를 따라 흐를 것이다
멀리서 깃발이
바람에 흔들리며 손짓한다.

널 그리는 마음

시간의 강물은 꽃잎처럼 붉어져
너와 나의 인생도
꽃잎처럼 변해간다네
한번 살다가는 인생길
우리는 언제나 한번 만날까?
꿈을 꾸며 사는
나의 하루하루
내리는 빗속에도 너의
검은 눈빛과
붉은 입술은 변함없네
어느 날
이런 비 오는 날
거리에서 너를 만나면
변해진 얼굴에서
세월은 느끼며 흘러간 날들을
아쉬워한다네
알 수 없는 인연의 끈은
먼 곳에서

너를 바라보며
살아온 날들과
살아갈 날들을 헤아리며
술잔에 담긴
붉은 정감을 입에 넣고
비처럼 떨어지는 마음들을
우산으로 받쳐보네
흐르는 마음과 향기가
내리는 빗물이었네.

새벽에 별이 빛나면

불어오는 시간의 바람
기억의 강물이 흐르고
꽃처럼 붉은 추억의 그림자가
해의 그림자로 서 있다
거리의 나뭇잎이
가을바람에 낙엽으로
꿈처럼 흩어지면
지난밤 고독의 시계가
가리킨 어떤 순간을 떠올린다
빛바랜 흔적의 아픔이
밤하늘의 어둠을 빛나게 하며
떨어지는 유성처럼
고고하게 웃고 있다
하루의 흔적을 지우기 위해
늦은 사색의 밤이 지나고
새벽의 찬 바람이 불어오면

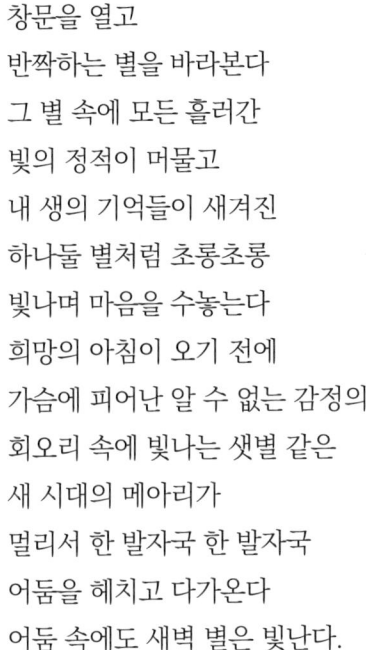

장미의 세월

창문을 열고
반짝하는 별을 바라본다
그 별 속에 모든 흘러간
빛의 정적이 머물고
내 생의 기억들이 새겨진
하나둘 별처럼 초롱초롱
빛나며 마음을 수놓는다
희망의 아침이 오기 전에
가슴에 피어난 알 수 없는 감정의
회오리 속에 빛나는 샛별 같은
새 시대의 메아리가
멀리서 한 발자국 한 발자국
어둠을 헤치고 다가온다
어둠 속에도 새벽 별은 빛난다.

가을비가 내리면

알 수 없는 가을 하늘
그 파란 하늘에서
눈물이 맺히고
방울방울로 떨어진다
작은 설움들이 구름으로 떠 있는
가을하늘이여
계절의 찬바람 맞고
그 아픈 푸른 뺨에 흐르는 눈물이여
추적추적 내리는 가을비는
어느 여인의 파란 호소
하얀 손에 꽃을 들고

위로의 따스함을 비로 내린다
가을에
가을에
가을비가 내리면
고독한 나그네의 발길도
향긋한 커피 향처럼 번지며
세상 빛이 가을빛으로 물 들어간다
비에 젖은 나뭇잎처럼.

그 카페 그 성냥

어둠이 물든 창
탁자 위에 촛불
밤이 주위를 둘러싸고
음악이 흐른다
커피 위에 정적
너를 바라보는 나
나를 바라보는 너
아무 말 없이
서로를 보내
담배 한 개비
입에 물고
한숨 대신에
성냥에
불을 긋는다
긴 연기 내뿜는다
어둠이 흐르고
음악이 흐르고

그대가 흐른다
카페 어두운 빛.

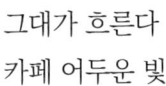
장미의 세월

보면 볼수록

세상이 안경을 끼고 본다
하늘에서 내리는 비라는 안경
하늘에서 내리는 눈이라는 안경
바람이 불면 바람이라는 안경
세상 풍문이라는 안경
먼지와 때가 묻은 안경
너는 달라
안경을 끼고 볼 수 없는 너의 모습
너의 긴 머리칼
너의 까만 눈
너의 붉은 입술
너의 하얀 목
이 모두가 창백한 편지처럼 진실이기에
너를 보면
세상이 환하게 보이는 수족관처럼
분명히 보여
너를 바라보면
진실의 향기는 달콤해
사랑이란
안경 속에 너의 웃음
안개 같은 너의 의미
희미해도 선명한 너의 모습
꿈속 같은 너의 모습이지만

생의 의미는 너에게 있다는 사실
붉게 물드는 노을 같은
너의 아름다움
취하고 싶은 너의 눈빛 속의 말
시간 속에 물드는
신비한 너의 투명한 그림자
너를 보면
너를 볼수록
환하게 보이는 세상의 의미
눈을 감아도 보이는
잔잔한 달빛 조명
스며드는
스며드는.

시간 밖의 시간

창문을 열고 거리를 본다
가로등이 하나둘 켜지고
길 위에 사람들이 지나다닌다
시간 없는 시간들이 울고 있다
사람들의 울부짖음 소리
아이들이 울고 있다
폭탄이 터지고
건물이 파괴된다
밤하늘에는 굉음소리가 요란하다
안 보이던 시간들이 달아난다
내가 볼 수 없는 세계에선
곤두선 질서와 무질서가

장미의 세월

나란히 죽음의 질주를 한다
길 위에
흔들리는 들꽃 하나가
비를 맞고 있다
아침이슬에
별들이 박혀서 빛난다
혼돈의 세상 속에
해맑은 웃음의 어린아기의 눈
언제까지
언제까지
이 세계의 불꽃은 불타오르는가?
화가의 캔버스에는
빨간 장미가 피고
가을바람이 스쳐 지나간다
비명의 시간들이
길 위에 서서
사람들을 병실로 옮긴다
터진다
깨진다
무너진다
모든 질서가 곤두서고
회오리치며
세상은 밤이 오고 또 새벽이 온다
아침에 개 짖는 소리
다시 태양은 떠오르고
별들은 숨을 죽인다
안 보이는 시간들의 풍경들.

한 세상을 살아간다

흰 눈 내리는 이 세상
하얀 눈에 덮일 때
살며 살아왔다
끄덕끄덕 졸면서도 살았고
두 눈을 초롱하게 밝히면서도 살았다
한여름의 더위가 아직 가시지 않았지만
그러나
찬 겨울은 그의 북풍을 가슴에 잉태하고
가을빛 마중 보내며 빨간 잎의 계절을
사랑했다
바람은 불어올 것이다
그대의 눈빛에도
그대의 입술에도
찬 서리를 내리면서 아침의 이슬을
맑게 빛나게 할 것이다
그렇게 이런 세상을 살아간다
어두운 저녁 공원에
외투를 입고
작은 소리를 속삭일 것이다
이제 가을이군 하면서
낙엽을 저벅저벅 밟으면서
누군가 올 것이다
머플러를 두르고
눈가에 포돗빛 그리움을 담고서
사랑하면서 살아가고 싶다
그대를 닮은
파란 가을 하늘아래서

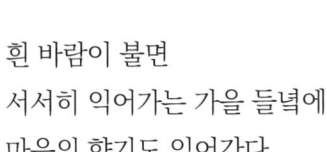

장미의 세월

흰 바람이 불면
서서히 익어가는 가을 들녘에
마음의 향기도 익어간다.

가을비를 맞으며

눈을 감고
생각에 빠져본다
가을비가 내리던 날
내리는 빗속에
우산 속에 두 사람
그대와 말없이 걷던 그 길을
나뭇잎은 빗물에 젖어
눈물에 글썽이고
꽃들은 수줍은 듯 고개 숙인다
걸어간다
비를 맞으며
우산 속에 다정함이
속삭임으로 들린다
포근히 내리는 빗방울 소리들
가을비가 내리던 날
그대와 말없이 걷던 그 길은
아마 꽃비가 내려
우리의 정감 비에 푹 빠진 날
소리 없는 빗소리에
멀리서 달려오는 세월의 기차는
추억의 손수건 흔들며
차창으로 얼굴을 내민다

눈을 감고
시간의 빗소리를 듣는다
너와 내가
다정히 걷던
비 내리는 그 길을.

가을 길을 걷다

마음의 화면에
당신의 모습이 비치면
쓸쓸한 가을의 거리를
걸어가리라
길모퉁이에 낙엽이 쌓이고
작은 삶의 고민들도 쌓이고
찬 바람의 인생길을
주머니에 손을 넣고
가을밤을 걸어가리라
어디선가
밤의 불빛이 보이고
낯익은 거리의 사물들이 하나둘
가로등에 비추면
한 남자는 내면의 쓸쓸함을
달게 삼키고
바람 부는 마음의 길을 걸어가리라
끝나지 않는 형벌 같은 생일지라도
램프 같은 불빛을 켜고
모진 시간의 바람 속을 걸어가리라
빗방울 같은 나뭇잎에

장미의 세월

초롱초롱 걸려있는 나뭇가지에
달이 한 조각 보이면
그 빛에 어려있는
얼굴은
누구의 모습일까?
알 수 없는 생의 가슴에 깊이
묻어둔 한 줄기 희망 같은
그대 얼굴
빛나는 두 눈은 어두운 거릴 비추면서
별이 잠들고 있는
내 추억의 길을 걸어가리라.

너에 대한 환상(幻想)

날지 못하는 새 한 마리
방구석에서
방황하며 길을 헤맨다
너를 본다
너라는 길을 본다
아니
너라는 환상을 본다
너의 가슴에는 한 마리 흰 새가 살고 있다
너의 뛰는 가슴과 날아가는 마음의 날개에
내 꿈도 매달고 같이 날고 싶다
너의 깊은 눈
흰 눈 내리는
서늘한 시선
황홀한 전율이 온다

아아 같이 걷고 뛰고 날고 싶다
날개 없는 새여
마음 깊은 곳에 너를 새긴다
너의 꿈에서
내 날개도 생기고 황금빛 꿈이 자란다
외로운 밤이오면
까만 밤에
혼자서 너를 안고
저 멀리 어느 곳에 있는 그곳
방안에서
침대에서
의자에서
책장에서
신비한 술을 마시며
너의 날개를 쓰다듬고 싶다
날지 못하는 새이기에
너의 꿈의 눈송이를 맞으며
나도 날고 싶다.

세월

나는 당신을 보지 못했습니다

소년 시절에도
밤하늘의 별을 보며 그리워했습니다
나이가 들어도
떨어지는 낙엽들을 보며
당신을 그리워했습니다

시간이 바람처럼 흘러도
당신을 그리워했습니다
이 긴 시간들이 아마 행복이었겠지요

꽃이 피고 져도
늘 머리에 떠올린 당신의 모습
평생을 간직하며
고목이 자라듯이 가슴에서 자랐습니다

나는 당신을 보지 못했습니다

늘 당신을 생각했습니다
늘 당신을 상상했습니다
늘 당신을 꿈꿔왔습니다

겨울이 가고 봄이 오고
나뭇잎들이 떨어졌습니다
눈 부신 태양의 날들이었습니다
참으로 행복한 날들이었습니다

당신을 품고 살아온 날들은
나의 청춘 시절이었습니다
아마 당신은 늘 내 곁에 있었겠지요
참으로 아름다운 시간들이었습니다

바람이 불고
비가 내리고
눈이 쌓이던 날들

지금은 세월이었습니다.

당신의 초상

그대의
바람 따라가겠습니다
그대는 늘
향기로 남았습니다
그대는
파란 가을하늘이었습니다
문득
쓸쓸한 가을밤이었습니다
시계가 정시를 치면
떠오르는 아름다운 얼굴이었습니다
살아가는 날들의
행복한 의미의 노래였습니다
지금은 볼 수 없지만
긴 그리움의 시간들이 고여서
기억의 창고에 숙성된

장미의 세월

포도주 빛 아픔이었습니다
언제나 한낮의 해가 뜨면
정오의 그림자로
운동장의 고독 같은 시였습니다
당신이란 운명
내가 걸어가야 할
아쉽고
미련의 기나긴 여행이었습니다
때때로
하늘을 떠도는 구름처럼
당신을 향해 흘러가는 강이었습니다
보지 못하는 마음을
가을 햇살로 비추며
이제 나의 생을 따라가야겠습니다
언제나 당신은
내가 떠나가야 할 슬픈 역이었습니다
아름다운 십자가처럼
아름다운 초상화였습니다.

가을날의 회상

오늘 같은 추석이면
옛날에는
온 가족과 친척이 모여
차례를 지내고
서로 마주 앉아
살아가는 이야기를 했다

이제
나이 들어
살아온 나이만큼 할 말이 있어도
들어줄 사람도 없는
그런 추석을 맞았다
산다는 것은
본래 고독하고 쓸쓸한 이야기

한밤에
마당에 나가
휘영청 밝은 달을 보며
어떤 소원을 빌어야 할까?
달 속에 보이는 그 사람을
가슴속에 새기며
달빛을 삼키는 일

오늘은 추석이지만
가을 들녘에는 곡식이
누렇게 자라
잘 익어가리라

내 인생의 곡식들도
아마도 기름지게 자랄 것이다
마음의 추석을
기다리며 살아간다.

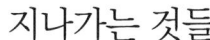

지나가는 것들

바람의 눈물
내리는 비의 한숨
태양의 활짝 핀 웃음
하얀 겨울의
별 같은 눈송이의 슬픔들이
시간을 따라 강처럼 흘러간다
그림엽서 같은 다정함이
어느 날 내게 다가온다면
눈 감고 기도를 하리라
저무는 하루의 해가
손짓하는 석양에서
불타오르는 노을의 붉은 신비감에게
나는 눈 감고 기도하리라
지나가고 흘러가는 것들
꿈처럼 떠오르는 낙엽의 시간에게
사랑으로 고백하리라
떠나야 할 순간들이
마지막 기차처럼 우리 앞에 서 있다
이 모두는 언젠가는 떠나간다
눈 속에서 신기루와 같이 사라진다
흐르고 흘러갈 뿐이다
마음에서 내리쬐는 강렬한 햇빛 같은
독백이 인생의 무대에서
서툰 연극배우처럼 우울하다
그러나 이 또한 지나가리라
달빛이 은은히 물드는 밤에
모든 서러운 것들이

연애편지를 쓰고
환상 같은 추억을 남기며
쓸쓸하게
시간의 장막 속으로
아쉬움을 남기고 사라지리라

너와 나의 이별처럼.

시를 쓰며 사는 까닭

나는 시를 쓰며 살고 있습니다
시인의 주제도 못 되면서
조금은 뻔뻔하게
시를 쓰며 살고 있습니다
살아가면 갈수록 세상이
허망하다고 느껴집니다
형제
선배
친구들 안 만나며 사는 까닭은
세상 모든 더러운 때에 쩔어서
살아가는 그들은
그 더러운 때에서 황금이 나온다고
믿고 살아가기 때문입니다.
그러나 구정물이
향수가 될 수는 없습니다
어차피 누구나 그 더러운 때에
묻지 않을 수 없는 세상이지만
나는

장미의 세월

먼 미래에 만날 사람을 기다리면서
살아갑니다
잘 쓰지도 못하는 시를 쓰며
하루하루를 보내는 까닭이
반가운 얼굴
정다운 얼굴
아름다운 얼굴들을
기다리면서 살아가기 때문입니다
시를 잘 쓰지도 못하면서
하루하루를 쓸쓸히
고독하게
담배와 함께 살아갑니다
잘 쓰지도 못하는 시를 쓰면서
그냥 살아갑니다
먼 미래를 보면서.

별

지상에 꿈 하나
밤하늘 별을 따서
가슴에 심는 일
그 별이
이 세상을 밝히는 일
캄캄한
어둠이 안개처럼 자욱하다
작은 불빛이
모여서
하늘의 모든 별빛처럼

찬란하게 빛날 때
지상에
새날은 오리라
마음의 꿈과
마음의 별빛으로
우리 사는
별
지키리라.

나를 찾는 시간

나는 어디에 있는가?
나를 되돌아 본다

흘러간 시간 속에
지나간 시간 속에
보내온 시간 속에

꿈꾸듯 헤매인 날들
술을 마시며
깊은 새벽
꿈을 토하며
울고 웃던 날들

몽롱한 약 기운 같은
청춘의 꿈들은 다 어디로 갔나?

아픔의 흔적들을

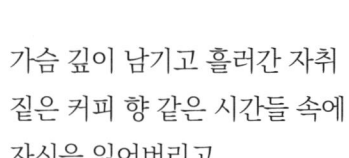

장미의 세월

가슴 깊이 남기고 흘러간 자취
짙은 커피 향 같은 시간들 속에
자신을 잃어버리고

지금 혼자서
비가 내리는 방안에서
거울 속에 비친 나를 본다

시간의 물결이 쓸고 간 날들
엉터리 욕망으로
나를 채우고 먼 길을 걸어왔다

구름처럼 가리라
바람 따라 가리라
햇빛에 취해 가리라

모든 꿈의 날들
무지개를 좇아서 가리라
너라는 오색 빛을 향해서.

나의 노래는

지금까지
나의 노래는
혼자서 부르는 노래였습니다
꿈을 향해서
고독하게 부르는 노래였습니다
별을 향해서

쓸쓸하게 부르는 노래였습니다
아름다움을 향해서
세상의 모든
아름다움을 향해서 부르는 노래였습니다
길고 긴 날들을
몰래 숨어서
어두운 밤을 향해서
램프 빛 같은 노래였습니다
가로등 꺼진 거리를
외로이 걸어가며 부르는
촛불 같은 노래였습니다
기나긴 겨울 속에서
꽃이 피는 봄을 향해서
부르는 노래였습니다
가을에 피는 단 열매처럼
귀뚜라미 우는 밤에
달빛을 향해서
당신을 위해 부르는 노래였습니다
이 세상이 빛날 때까지
나는 노래를 부르겠습니다.

산다

과거에도 살았고
현재에도 살아있고
미래에도 살아있을 것이다
매일이 그날 같지만
조금씩 쌓여가는

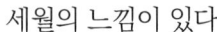

장미의 세월

세월의 느낌이 있다

누구를 위해서
비는 내리고
바람은 불어오고
햇살은 빛나고 있는가?
오늘도 내일도 어제도
생의 물결은 흘러가고
나의 사랑도 흘러간다

추억의 날들이
햇살 아래 눈부시게 떨어진다
살아가는 일이
살아가는 이유이며
눈부신 그대의 눈빛을 추억하는 일이
어제도 오늘도 내일에도의
꿈같은 힘이 된다

산다
살아간다
살아갈 것이다

지난 시간들의 물결이 오늘과 내일의
아름다운 밤들의 불꽃이 된다
흘러가고
떠나가는 모든 것들이
살아가는 영혼이 된다.

바람에게 부치는 노래

가거라
바람불던 날들이여
따스하던 가슴에
슬픔과
후회와
연민과
행복이
이제 모두 바람에 날아가고
생은 아직 남았지만
어두운 하늘 아래
찬 바람만 분다
가거라
바람불던 날들이여
따스하던 가슴에
미련과
축제와
고통과
꿈들이
이제 모두 바람에 날아가고
쓸쓸함만이 동상처럼 남아
어두운 하늘 아래
시간의 길을 잃었다
가거라
바람불던 생의 날들이여.

시인의 쓴 편지는

마음이 답답하여
깊은 밤에
산책을 한다
보이지 않는 별을 보며
번뇌의 별빛만이
가슴에 빛나고 있다
시인은
그 마음을 편지로 적어
하늘에 띄우고
허공에 띄우고
강물에 띄우고
바다에 띄었다
흐르고 흘러서 세계 곳곳으로
그 편지가 가기를 바라면서
그 편지는 안부편지다
오늘도
내일도
미래에도
아직 세계는 무사하냐고
아직 세계는 안녕하냐고.

당신을 만난 건

이 쓸쓸한 세상에
누군가를 만난다는 것은
빛바랜 추억이 아니라
그림같이 아름다운 일이다

이 고독한 세상에
누군가를 만난다는 것은
슬픈 노래를 듣는 것이 아니라
아름다운 향기를 맡는 일이다

이 허전한 세상에
누군가를 만난다는 것은
찬바람을 맞는 것이 아니라
카페의 훈훈한 분위기에 젖는 일이다

그래
너를 만난다는 것은
쓴 세상을 만나는 것이 아니라
달콤한 시간의 환상을 보는 일이다

너를 만나서
꿈 이상의 현실을 보면서
고독의 외투를 벗고
다정한 삶의 시간 속에 사는 일이다

외롭고 쓸쓸한 세상 속에서.

당신을 만난 건 2

너를 만나러 가는 길
안개 세상에
뿌연 어둠 속에서
너는 빛나고 있다

눈 내리는 날
그 설레임 속에
한 발자국 한 발자국 걸어가는
작고 달콤한 길

내 눈앞에 너가 보인다는
그건 환상
그건 신비
그건 매혹
까만 커피에서 피어오르는
향긋한 냄새

너를 만나러 가는 길은
캄캄한 세상 속의
작은 행복

너를 만나러 가는 길
아직 갈 길이 많이 남아도
낙엽 지는
오솔길을 걸어가듯
그리운 사색의 길이다.

당신을 만난 건 3

캄캄한 세상에
너는
외딴 섬에
등대같이 외로이 서 있다

등대 같은 빛은
환하게
바다를 헤매는
나를 비추며
신비하게 고고한 빛이다

찬 세상의 빛나는 너
너를 만나는 길
꿈이 별처럼 빛나는
지상의 등대

침묵의 어둠 속에서
맑은 눈빛으로
모든 의미를
꽃처럼 담는다

너를 만나는 길
텅 빈 기찻길을 걷는
눈 내리는
하이얀 정적 속의 세상.

고독

고독
속에서
밤이 생겨난다
허무가 생겨난다
다정한 외로움이 생겨난다

고독
속에서
비가 내린다
우산이 생겨난다
다정한 연인이 생겨난다

고독
속에서
꿈이 생겨난다
희망이 생겨난다
눈빛이 생겨난다

고독
속에서
바람이 분다
미소가 생겨난다
얼굴이 생겨난다

고독
속에서
과거가 생겨난다

골목길을 걷던 발길이 생겨난다
꿈을 닮은 열매가 생겨난다

한 번도 보지 못한 당신이
고독 속에서
꽃처럼
피어난다.

나의 대체자원론이란?

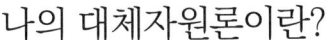

지금 지구와 인류는 갖가지 위기 상황 속에 있다. 기후위기와 생태계 파괴 그리고 환경오염 등의 - 지진, 태풍, 폭설과 폭우와 불볕더위, 가뭄 등등의 재앙적 사태에 직면하여 심각한 인류의 생존을 위협하고 있다고 볼 수 있다

과연 여기서 벗어날 방법과 해법은 무엇인가. 이 하림은 그의 문명론을 통하여 이미 그 해법과 정답을 제시했다. 첫째가 순환의 문명론이고 둘째가 목기 문명 시대이며 셋째가 대체자원론이다. 또한, 인간과 동물의 똥오줌 에너지 자원론이다. 특히 순환의 문명론과 대체자원론을 인류가 현재의 위기 속에서 기사회생할 수 있는 거의 유일한 해법이라 할 수가 있다.

순환의 문명론은 인류의 문명이 자원순환의 경제활동 속에서 문명이 유지되어야 한다는 것이다. 즉 인류가 사용하는 모든 물품이 자연으로 돌아가서 그것이 썩어서 거름으로 작용하여 새로운 자원을 생산하는 방식을 말한다. 현재 인류의 생활용품이나 물건들은 자원으로의 복귀가 불가능한 것이 많다. 즉 썩지 않는 용품들이 많아서 환경오염과 생태계를 파괴하는 생산품이 너무도 많은 것이다. 그로 인해 발생하는 현재의 환경오염과 생태계 파괴는 지금 너무도 심각한 상태이다. 그러나 나의 순환의 문명론에서도 모든 인간의 생산품이 자연상태로 돌아가서 그것이 자연의 거름으로 작용하고 자연스레 분해되어 전혀 환경오염과 생태계 파괴를 일으키지 않으면서 오히려 새로운 자원을 생산하는 거름의 역할을 하는 것이다.

이런 문명의 시스템이 바로 순환의 문명론이며 이런 순환의 문명론으로 가기 위해서는 목기 문명 시대로 인류가 나아가야 한다. 여기서 나온 것이 바로 이 하림이 주창한 대체자원론이다. 거의 모든 지하자원을 나무와 식물성 자원으로 만들어내자는 주장이 바로 그 요지이다. 또한, 철과 금속성 자원까지도 나무와 식물성 자원으로 만들어내자는 것이 대체자원론이다….

현재 어쩔 수 없이 약탈적으로 채굴하여 마구 지하자원을 사용하는 것은 바로 지구를 파괴하는 것이며 인류 스스로가 죽음의 무덤을 파는 행위라 할 수가 있다. 이론 인해 각종 재앙적 사태가 지금 일어나고 있다. 기후위기, 생태계 파괴, 환경오염 등등의 지구 생명력을 말살하는 것이다.

인류가 앞으로도 지속해서 지구에서 살아가기 위해서는 이 순환의 문명론과 대체자원론을 필수적인 문명의 시스템으로 돌아가야만 한다. 나무와 식물성 자원으로 거의 모든 지하자원을 - 철과 금속자원까지도 - 첨단과학을 이용하여, 대체할 수 있는 자원을 이용하여 만들어내자는 나의 주장이 무리한 듯이 보이는 주장으로 보여도 나는 나의 예술가의 직관력과 통찰력으로 이는 실현 가능한 주장임을 확신할 수가 있다. 또한, 이러한 나의 주장으로 순환의 문명론과 목기 문명 시대 그리고 대체자원론으로 인류가 미래로 나아가지 못한다면 인류의 미래는 희망이 없는 절망과 인류를 비롯한 모든 생명체의 절멸로 지구생태계는 몰락할 수밖에 없다는 사실을 명심해야만 한다. 현재 여러 나라에서 실험과 연구가 진행되고 있으며 그 성과가 부분적으로 나타나고 있다는 희망찬 소식들이 들려오고 있다는 것은 결코 이 하림의 주의 주장이 헛된 것이 아님을 나타내는 것이며 단, 아직 실용화 단계에 가기 위해서 더 연구가 진행되어야 하는 사정이기도-일부는 실용화되고 있고 실용화 단계에 이르렀다고 한다- 하지만 아무튼 인류는 현재의 산업체계를 아름다운 새로운 인류 미래를 위한 문명의 모험을 통해서 새로운 문명의 탄생을 만들어야만 우리는 꿈과 희망의 세상을 자라나는 미래의 세대들에게 이 지구를 보전하여 물려줄 수가 있다는 사실을 명심해야만 한다. 인류의 미래는 이 하림이 주장한 대체자원론의 성공에 달려있음을 깊이 각인하고 조속히 이를 성공적으로 완수하여 새로운 희망의 미래로 인류는 발전해 나가야만 인류의 미래가 보장된다고 나는 확신한다. 신의 가호와 은총으로 인류는 무사히 성공적으로 새로운 문명과 새로운 자원으로 인류와 지구의 장래가 밝게 빛나기를 바라면서 이 글을 마칠까 합니다.

장미의 세월

이하림 시집

장미의 세월

2024년 10월 12일 초판 1쇄 발행

저자 이하림
펴낸이 안영준
제작 (도)생각과 사람들
펴낸 곳 무당거미
신고번호 제 2020-000134호
사업자 등록번호 298-95-01602
주소 경기도 성남시 분당구 산운로 139번길 4-8
전화와 팩스 031)702-2328
이메일 fellini@hanmail.net
ISBN : 979-11-987036-2-0

·잘못 만들어진 책은 구입처를 통하여 교환하여 드립니다.
·본 도서는 관계법에 의하여 저작권 보호를 받습니다.